쉽게 따라 하는

디찌털
교과서
만들기

쉽게 따라 하는

디찌털 교과서 만들기

강경욱 · 김한나 · 권재범 · 정진아 · 조재범 지음

현직 교사들이 안내하는
교육용 피그마 활용 입문서

프롤로그

여러분, 교육의 혁명이 시작되었습니다. 그 중심에는 바로 '피그마'라는 강력한 에듀테크 도구가 있습니다. 이 책은 피그마를 전혀 모르는 교육자나 일반인도 볼 수 있는 가이드북입니다. 피그마에 대해 전혀 들어본 적 없어도 겁먹을 필요는 없습니다. 왜냐면 저희도 피그마에 대해 전혀 몰랐으니까요.

'피그마는 디자이너를 위한 툴'이라는 편견을 깨고, 우리 교사들의 손에 이 강력한 도구를 쥐어주고자 이 책을 썼습니다. 피그마를 사용하면서 우리의 교육 방식에 어떤 혁신적인 변화가 있었는지 알려드리고 싶었습니다. 피그마는 원하는 교육자료를 쉽게 만들고 저장하게 해주며, 협업을 촉진합니다. 또한 학생들의 창의력을 자극하며 학습을 구체화할 수 있게 돕는 중요한 역할을 합니다.

이 책은 단순한 사용법 안내서가 아닙니다. 여러분이 평범한 교사에서 창의적인 디지털 교육의 선구자로 거듭날 수 있도록 돕는 가이드

북입니다. 지금껏 내 수업에 맞지 않은 교육자료를 받아서 쓰거나 뭔가를 만들어보고 싶어도 그럴 방법을 찾지 못해 고민이 많았던 적이 있었나요? 피그마는 이런 분들께 깔끔하고 질 높은 교육자료를 만들 수 있는 길을 열어줍니다.

이 책을 통해, 여러분은 단순한 교과서 사용자에서 나아가, 교육 콘텐츠의 창조자로 성장할 수 있습니다. 피그마를 활용해보지 못한 교사라도 쉽게 따라 할 수 있도록, 단계별 가이드와 실제 수업 사례를 제공합니다. 여러분이 교육의 새로운 지평을 열 수 있도록 도와줄 것입니다.

여러분의 수업이 어떻게 변할지 상상해보세요. 피그마를 통해 만들어진 각양각색의 디지털 교과서들이 학생들의 호기심을 자극하고, 학습에 대한 열정을 키울 것입니다. 우리가 경험한 변화, 그리고 그 변화를 이끌어낸 노하우를 이 책을 통해 공유하고자 합니다. 『쉽게 따라 하는 디지털 교과서 만들기: 현직 교사들이 안내하는 교육용 피그마 활용 입문서』는 단순한 시작이 아닌, 교육의 새로운 장을 여는 열쇠가 될 것입니다.

이제 피그마와 함께 교육의 새로운 장을 열 준비가 되셨나요? 함께 시작해봅시다.

2024년 2월 14일

강경욱, 조재범, 권재범, 김한나, 정진아

차례

제1부

교사가 만들어가는
디지털 교과서

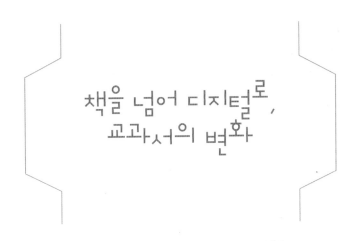

책을 넘어 디지털로,
교과서의 변화

디지털 교과서란 무엇인가?

디지털 교과서(digital textbook)는 무엇일까요? 이 책에서는 디지털 교과서를 '전통적인 서책형 교과서와 달리, 전자적 형태(e-book)로 보는 것이 가능한 교과서로, 다양한 멀티 미디어 요소와 상호작용성을 갖추고 있다'라고 정의하도록 하겠습니다.

디지털 교과서의 현재, 그리고 문제점

현재 디지털 교과서는 한국교육학술정보원(KERIS)이 운영하는 에듀넷에서 확인할 수 있습니다. 서비스 과목은 초등학교 3~6학년(사회,

디지털 교과서 홈페이지(출처: 에듀넷)

현재 제공되고 있는 디지털 교과서 일부(출처: 에듀넷)

제1부. 교사가 만들어가는 디지털 교과서

과학, 영어), 중학교 1~3학년(사회, 과학, 영어), 고등학교(영어, 영어 I , 영어회화, 영어 독해와 작문)입니다.

디지털 교과서의 구조는 크게 디지털 교과서 콘텐츠, 디지털 교과서 뷰어, 학습커뮤니티 위두랑으로 나누어져 있습니다(2019. 10. 디지털 교과서 수업 설계와 연수 전략, KERIS).

디지털 교과서 콘텐츠는 용어사전, 멀티미디어 자료, 평가 문항, 보충 심화 자료 등으로 구성돼 학생들에게 더욱 풍부하고 다양한 학습 경험을 제공합니다. 특히 실감형 콘텐츠는 실제와 유사한 경험 및 감성을 느낄 수 있게 해주는 유형의 콘텐츠로, 기존 서책형에서 쉽게 경험할 수 없는 것을 간접적으로 느끼게 해줍니다.

실감형 콘텐츠 VR의 모습

디지털 교과서 뷰어는 웹용, PC용, 모바일용으로 나누어져 있으며 학생의 자기주도적 학습을 돕고, 외부 자원과 원활히 연계하도록 구성되어 있습니다. PC, 모바일 뷰어는 대용량의 프로그램을 설치해 인터넷이 없는 환경에서도 디지털 교과서로 학습할 수 있습니다. 웹 뷰어는 인터넷이 연결된 상황이라면 프로그램 설치 없이 간편히 학습할 수 있습니다.

웹 뷰어의 모습. 6학년 사회 디지털 교과서

학습커뮤니티 위두랑은 학습 활동 중 학생들의 상호 토의 및 토론 활동, 모둠 활동과 상호 피드백, 자료 공유 등을 통해 학습자의 핵심역량 향상을 도모하는 온라인 학습 기반 SNS(Social Network Service) 플랫폼입니다. 학급 중심의 교수-학습 활동 및 소통 촉진을 위한 기본 학습 공간과 동영상 스트리밍, 프로젝트 학습 및 조별 학습을 위한 모둠 공간, 전달사항 등의 다양한 기능을 제공합니다.

위두랑 페이지 모습(출처: 에듀넷)

디지털 교과서는 교육의 혁신적 변화를 주도해왔습니다. 과거의 전통적인 종이 교과서와 달리, 디지털 교과서는 다양한 멀티미디어 자료, 실감형 콘텐츠, 평가 문항, 보충 시각화 학습자료 등을 포함하여 학습의 효과를 극대화하였습니다. 특히 초등학교와 중학교, 고등학교의 다양한 과목에서 활용되며 영어 교육에 있어서 큰 변화를 가져왔습니다.

그러나 완벽하지는 않습니다. 학생과 교사 사이에서는 디지털 교과서의 사용이 불편하다는 목소리가 자주 나옵니다. 다양한 디바이스에서의 이용이 어려운 점, AR 기능의 불안정성, 앱과 웹의 연동 문제 등이 주요한 문제점으로 지적되고 있습니다. 디지털 교과서의 활용에 있어서 여전히 개선해야 할 부분이 많습니다.

구체적으로 현재 디지털 교과서는 다음과 같은 문제점을 가지고 있습니다.

디바이스 호환성 문제

디지털 교과서는 다양한 디바이스에서 사용될 수 있어야 하지만, 현재 그러한 호환성이 완벽하지 않습니다. 특히 PC에서는 최적화된 작동을 보이지만, 휴대폰에서는 그렇지 않은 경우가 많습니다. 휴대폰에서는 화면이 제대로 표시되지 않거나 글자 인식이 어려운 경우가 발생합니다. 이러한 문제는 학습에 방해가 되며, 사용자 경험을 저하시킵니다.

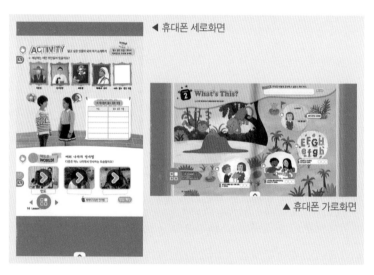

디바이스 호환성 문제 예시

제1부. 교사가 만들어가는 디지털 교과서

AR 기능의 불안정성

디지털 교과서에서는 AR 기능을 활용하여 실감나는 학습 경험을 제공하려고 하였습니다. 그러나 현재의 AR 기능은 불안정하며 완성도가 떨어집니다. 특히 안드로이드와 iOS에서 동일한 성능을 보이지 않는 경우가 많고, 저사양 휴대폰에서는 원활한 작동을 보이지 않습니다. 최적화가 안 된 모습입니다.

업데이트와 용량 문제

디지털 교과서는 지속적인 업데이트가 필요합니다. 그러나 이러한 업데이트로 인해 디바이스 용량 문제가 발생할 수 있습니다. 특히 앱으로만 접근이 가능한 경우 수시로 발생하는 업데이트로 인해 수업 시간을 방해받는 경우도 자주 발생합니다.

콘텐츠의 제한성

디지털 교과서는 다양한 멀티미디어 요소를 포함하고 있지만, 그에 따른 콘텐츠의 제한성도 존재합니다. 특히 일부 과목이나 주제에 대한 콘텐츠가 부족하거나, 특정 학년 또는 과목에만 초점을 맞추어 제작되어 다양한 학습자의 필요를 충족시키지 못하는 경우가 있습니다.

사용자 인터페이스 및 경험의 한계

디지털 교과서의 사용자 인터페이스는 직관적이어야 하지만, 현재로서는 그렇지 않습니다. 학생들이 쉽게 사용할 수 있도록 디자인되어야 하지만, 일부 기능이나 메뉴 구성이 복잡하여 학습에 방해가 될 수 있습니다. 이러한 문제점들은 디지털 교과서의 효과적인 활용을 방해하며, 교육의 질을 저하시킬 수 있습니다.

학생 맞춤 개별화 교육의 어려움

현 디지털 교과서는 학생 개개인의 학습 속도와 성취도에 따른 학습을 제시하는 기능이 전무한 상태입니다. 교사 입장에서는 LMS(학습 관리 시스템, Learning Management System)의 부재로 학생들의 학습상황을 파악하는 것도 쉽지 않습니다. 이는 가장 큰 문제점일 수 있는 부분입니다.

이상의 모든 문제점 외에도 자잘한 문제들이 많이 있습니다. 앱스토어에 나와 있는 평점이 이 모든 것을 증명해주고 있습니다.

디지털 교과서 앱 평점(출처: 앱스토어)

디지털 교과서는 교육의 혁신을 주도하며 학습의 질을 향상시키는 중요한 도구로 자리 잡았습니다. 앞으로의 교육 현장에서는 이러한 문제점을 해결하고, 디지털 교과서의 장점을 최대한 활용하며 최신의 기술인 AI를 통해 학생 개인의 역량에 맞는 학습을 제공해야 합니다.

디지털 교과서의 미래

이제 디지털 교과서의 미래에 대해 알아보죠. 일단 명칭이 바뀌게 됩니다. 기존의 디지털 교과서가 아닌 'AI 디지털 교과서'란 이름으로 현장에 보급될 예정입니다. 교육부는 2023년 6월 「AI 디지털 교과서 추진방안」을 통해 디지털 교과서의 미래를 제시했습니다. AI(인공지능) 디지털 교과서는 3대 교육개혁 과제인 디지털 교육혁신의 일환으로 추진됩니다. 교육부가 제시한 AI 디지털 교과서 로드맵에서는 2024년 5월까지 개

디지털 교과서 로드맵(출처: 교육부)

AI 디지털 교과서 개발 과목 및 적용 일정안(출처: 교육부)

		2025년 (18책)	2026년 (32책)	2027년 (29책)	2028년 (17책)	비고
초등	국정	국어 3·4	국어 5·6 수학 3·4	수학 5·6		특수교육 기본교육 과정
	검정	수학* 3·4 영어 3·4	국어* 3·4 사회* 3·4 과학* 3·4 수학* 5·6 영어 5·6	국어* 5·6 사회* 5·6 과학* 5·6		공통교육 과정
	인정	정보 3·4	정보 5·6			
중등	국정 (선택)			생활영어 1·2·3	정보통신 1·2·3	특수교육 기본교육 과정
	검정	수학 1 영어 1 정보	수학 2 영어 2 국어* 1 과학 1 기술·가정 1·2	수학 3 영어 3 국어* 2 과학 2 사회 1·2 역사 1·2	국어* 3 과학 3	공통교육 과정
고등	국정			생활영어 1·2·3	정보통신 1·2·3	특수교육 기본교육 과정
	검정	공통수학 1·2 공통영어 1·2 정보	기술·가정		공통국어 1·2 통합사회 1·2 한국사 1·2 통합과학 1·2	공통교육 과정

*1학기·2학기 분권 / 합계 총 96개 책

발 완료하여 6~8월에 검정심사를 거쳐 2024년 9월에서 2025년 2월까지 현장적합성 검토를 통해 2025년 3월부터 현장 적용을 할 예정입니다.

그리고 향후 발행사의 개발 부담 완화를 위해 개발 연도별('24~'27)로 국어, 역사, 기술가정과 같은 기존 과목과 사회, 과학, 영어의 기존 과목 비중을 고려하도록 하였습니다. 그리고 디지털 교과서 사용도가 높은 초등을 먼저 완성하고('27년 완성) 중학교와 고등학교('28년 완성) 순으로 적용하도록 하였습니다. AI 디지털 교과서는 학생 데이터 기반의 '맞춤' 학습 콘텐츠를 제공할 뿐만 아니라 특수교육대상 학생과 장애교원을 위한 화면해설과 자막 기능, 다문화 학생을 위한 다국어 번역 기능도 지원할 예정입니다.

AI 디지털 교과서에는 LMS(학습 관리 시스템, Learning Management System)가 도입될 예정입니다. 교사는 대시보드를 통해 학생들의 학

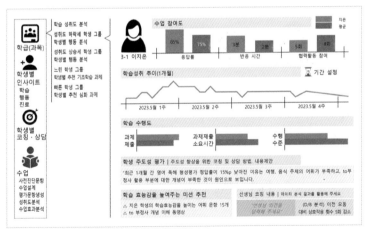

교사용 대시보드(출처: 교육부)

습 참여도, 학업성취, 교과 흥미 현황 등을 한눈에 파악할 수 있고 학생별 지원을 할 수 있습니다.

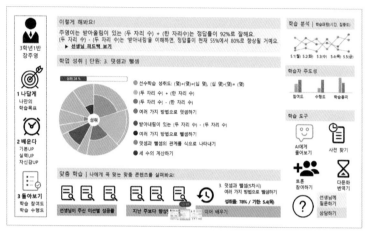

학생용 대시보드(출처: 교육부)

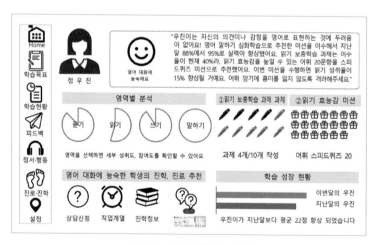

학부모용 대시보드(출처: 교육부)

AI 디지털 교과서를 활용하는 학생은 대시보드를 통해 개인별 학습 현황, 본인의 성취 수준, 자신의 수준에 맞는 학습 콘텐츠 및 과제 등을 추천받을 수 있습니다. 따라서 진정한 개별화 학습이 가능하게 됩니다.

AI 디지털 교과서는 학부모에게도 다양한 정보를 제공합니다. 자녀의 학업 참여도, 과목별 학업성취, 교과 흥미 현황, 자녀 지도에 필요한 사항 등의 정보를 제공받을 수 있습니다.

교사가 만드는 디지털 교과서의 구현과 도전

이러한 디지털 교과서에 대한 현장의 반응은 어떨까요? 필자가 T.O.U.C.H교사단 연수를 통해 그리고 많은 선생님들의 의견을 들어보면 다음과 같은 우려가 있습니다.

첫째, AI 디지털 교과서의 핵심 서비스 중 하나인 학생 개인의 능력과 수준에 맞는 다양한 맞춤 학습 가능성에 대한 의문입니다. 이러한 서비스가 되기 위해서는 학생 개개인에 대한 학습 진단과 분석이 선행되어야 합니다. 아직 AI 디지털 교과서에 들어갈 빅데이터가 부족한 실정이기 때문에 기존의 문제은행식 맞춤형 서비스가 제공될 수 있습니다.

둘째, **AI 디지털 교과서에 대한 안내와 연수가 부족합니다.** 교사들은 AI 디지털 교과서가 어떤 방식으로 구동되는지 모르고 그 활용방안 또한 모르는 상황입니다. 모르는 대상에 대해 두려움이 생기고 그 두려움은 대상에 대한 기피로 바뀌게 됩니다. AI 디지털 교과서에 대한 충분한 안내와 연수가 필요합니다.

셋째, **배워야 하는 AI에 대한 우려가 있습니다.** 앞으로 다양한 출판사에서 다양한 교과의 AI 디지털 교과서가 나올 것입니다. 내용은 교육과정 내에서 구성되겠지만 인터페이스나 기능은 각 출판사마다 상이할 확률이 높습니다. 그렇게 되면 현장에서는 교과서 활용 전에 교과서 활용법을 배워야 할 수 있습니다. 자칫하면 각 출판사마다 교과서 활용법을 따로 배워야 할지도 모른다는 우려가 있습니다.

넷째, **현장 인프라와 관리의 문제입니다.** 현재 대부분의 학교에 무선 인터넷망이 깔려 있습니다. 다만 그 속도와 안정성을 확보했다고 하기엔 부족한 면이 있습니다. 앞으로 활용될 AI 디지털 교과서는 웹에서 구동될 예정입니다. 즉 인터넷이 연결되지 않으면 활용이 불가능하다는 이야기입니다. 항상 인터넷이 빠르고 안정적으로 연결되어 있어야 합니다. 그리고 향후 1인 1태블릿 이상의 기기가 보급될 예정입니다. 대략 학생수보다 10% 이상의 여유 기기까지 확보해야 하기 때문에 기기 관리에 대한 어려움이 예상됩니다. 실제로 많은 선도학교들이 학급의 기기 관리와 관련 업무로 어려움을 겪고 있습니다.

다섯째, **교과서 재구성이 쉽지 않으리라는 점이 가장 큰 우려가 될 수 있습니다.** 교과서는 참고자료일 뿐입니다. 각 지역, 각 학교, 아니 각 학급별로 재구성을 할 수 있어야 합니다. 기존의 서책 교과서는 그러한 부분이 어렵지 않았는데 AI 디지털 교과서는 교사가 재구성할 수 있는 부분이 제한적일 수밖에 없을 것입니다.

이외에도 개인정보 문제라든지 디지털 리터러시, 디지털 과몰입 등에 대한 우려가 있습니다. 이러한 우려를 불식시키고 AI 디지털 교과서 시대를 교사가 구현하는 도전의 시대로 만들 수 있는 플랫폼이 있습니다.

바로 'Figma'입니다. 피그마(Figma)는 2012년에 딜란 필드(Dylan Field)와 에반 왈러스(Evan Wallace)에 의해 탄생했습니다. 벡터 기반의 에디터로 출발한 피그마는 디자인과 협업의 새로운 패러다임을 제시하는 클라우드 기반의 디자인 툴이 되었습니다.

클라우드 기반의 디자인 툴 피그마 홍보 화면

2020년대 중반에는 전 세계 수많은 디자이너가 활용하게 되었고 디자인 생태계에서 핵심 도구로 자리 잡았습니다. 이런 가능성을 본 어도비가 27조 원이 넘는 금액으로 인수를 고민하기도 했습니다.

이러한 디자인 툴이 우리 교육에 어떤 영향을 끼칠 수 있을까요? 필자는 AI 디지털 교과서 시대에 우리 교육 현장에 유의미한 영향을 끼칠 수 있다고 확신합니다. 그 이유는 다음과 같습니다. 앞에서 살펴본 AI 디지털 교과서에 대한 우려와 비교해보면 좋을 것입니다.

첫째, **사용이 매우 편리합니다.** 파워포인트를 활용할 정도의 소양이 있다면 피그마를 다루는 데 큰 어려움이 없을 것입니다. 만일 포토샵이나 일러스트를 조금이라도 다뤄봤다면 더 쉽게 접근할 수 있을 정도로 사용이 편리합니다. 따라서 쉽게 콘텐츠를 제작하여 학급 개개인에 맞는 학습자료를 제공하기 쉽습니다. 그리고 사용자 연수가 매우 쉽습니다.

둘째, **앱이 매우 가볍습니다.** 일반적으로 학교에 보급된 컴퓨터로 충분히 콘텐츠를 제작할 수 있고 저사양 휴대폰이나 태블릿 PC에서도 콘텐츠를 원활히 볼 수 있습니다. 즉 현장 인프라의 영향을 적게 받습니다.

셋째, **콘텐츠를 쉽게 만들어낼 수 있고 다양한 파일 형식(png, jpg, svg, pdf)으로 출력할 수 있습니다.** 기본적으로 벡터 기반이기 때문에 만든 파일을 아무리 크게 확대해도 깨지지 않습니다. 쉽게 콘텐츠를 제작할 수 있기 때문에 교과서 재구성이 쉬워집니다. 심지어 교사 스스로 교과서를 제작할 수 있습니다. (바로 다음에 나오는 이유 때문입니다.)

넷째, **실시간 협업이 가능합니다.** 피그마는 개인이 활용할 때보다 여러 명이 협업하는 환경에서 더 강력한 생산성을 보여줍니다. 교육 현장에서 교사와 학생, 학생과 학생, 교사와 교사의 협업을 통해 자신의 학급에 맞는 디지털 자료를 쉽게 제작할 수 있습니다. 이러한 자료를 일관성 있게 제작해 모으면 교사가 만든 훌륭한 디지털 교과서를 완성할 수 있습니다.

다섯째, **뛰어난 접근성을 가지고 있습니다.** 웹으로도 접속 가능하고 앱으로도 접속 가능합니다. 컴퓨터, 휴대폰, 태블릿 PC 등 어떠한 디바이스와도 호환 가능한 플랫폼입니다. 심지어 운영체제(윈도, 맥, 안드로이드, iOS)에도 구애받지 않습니다.

여섯째, **상호작용 적용이 매우 쉽습니다.** 앞에서 언급한 사용의 편의성과 관련 있는 부분인데 그저 보여주는 자료가 아니라 학생이 상호작용할 수 있는 효과도 매우 쉽게 적용할 수 있습니다. 파워포인트의 애니메이션 삽입만큼 쉽습니다.

일곱째, **강력한 커뮤니케이션 기능을 통해 댓글과 피드백 시스템을**

1950년 6월 25일 ~ 1953년 7월 27일 / 6.25 전쟁 이후의 우리 나라

6.25전쟁은 **3년**이라는 짧은 기간 동안 전개되었지만 그 피해는 심각했습니다. 남북한을 합쳐 **약 520만 명의 인명 손실**이 발생하였으며, 다른 전쟁 대비 민간인의 피해가 매우 컸죠. 또, 약 **1,000만 명이라는 엄청난 숫자의 이산가족**이 발생하여 우리 역사의 비극으로 남아있습니다.

전쟁 이후 남북한의 경제는 파탄 수준에 이르렀습니다. **학교나 병원, 공장, 도로 등 거의 모든 사회 기반 시설이 파괴**되었죠. 북한에서는 광업과 공업, 농업 생산력이 최소 60%부터 최대 80%까지 감소하였고, 남한에서는 거주지를 잃은 전재민의 숫자가 약 200만여 명에 이르렀죠. 한반도 전체 인구의 20~25%는 **기아 위기**에 직면했으며, 재산상의 피해 역시 1949년 1년 국민총생산에 맞먹는 수준으로 국민총생산은 무려 14%가 감소하였습니다.

< 전쟁 후 폐허가 된 서울 >

< 폐허가 된 서울 중앙청(광화문 거리) >

< 서울 수복 당시 폐허가된 숭례문 >

< 전쟁 후 부엌 세간을 챙기는 아낙 >

6.25 전쟁 이후 우리나라의 경제 성장 동기 유발 영상

전쟁 이후, 대한민국은 세계 최빈국으로 전락하였습니다. 경제를 재건하기 위해서는 막대한 지원이 필요한 상황이었죠.

실제로, **1950년대의 경제 상황을 '원조 경제'로 표현**할 만큼 미국과 유엔 주도의 엄청난 지원이 잇따랐는데요, 이 시기 우리나라가 받은 원조액은 무려 **29억 7500만 달러 (3조 7600억원)**에 달했죠.

이중 미국 지원 비중은 75%였는데요, 소비재 및 원료가 전체 원조 물자의 72%를 차지하며 우리나라의 식료품공업이나 섬유공업 등 소비재산업이 크게 발전할 수 있었습니다.

← GO BACK

피그마로 만든 디지털 자료

제1부. 교사가 만들어가는 디지털 교과서

구축할 수 있습니다. AI 디지털 교과서보다 쉽고 간단하고 빠른 댓글 기능으로 피드백을 줄 수 있습니다. 이는 교육 현장에 꼭 필요한 기능입니다.

여덟째, **쉬운 공유입니다.** 단순한 링크를 통해 교육자료를 쉽게 공유할 수 있고 권한 부여를 통해 협업 혹은 수업에만 참여하게 할 수 있습니다. 또한 다양한 라이브러리와 템플릿 등을 쉽게 구할 수 있습니다.

마지막으로 아홉째, **가장 중요한 것일 수 있는 장점은 무료인 것입니다.** 무료입니다! 모든 기능을 다 활용해도 무료입니다. 책이 집필되고 있는 2024년 2월 현재까지도 무료입니다. 이 부분에 대해서는 책의 뒷부분에서 구체적으로 다룰 예정입니다.

AI 디지털 교과서는 교육 현장에 우려와 기대를 가져올 것입니다. 하지만 우리는 그것을 넘어서서 교사가 만드는 디지털 자료, 교사가 만드는 디지털 교과서에 도전해볼 것이고 그 도구로서 강력한 기능을 가졌음에도 무료인 피그마(Figma)를 활용해볼 것입니다. 새로운 도전을 경험할 준비가 되었다면 다음 장으로 넘어가보겠습니다.

제2부

피그마로
디지털 교과서 만들기

피그마
소개하기

피그마란?

피그마(Figma)는 사용자 인터페이스(UI)와 사용자 경험(UX) 디자인
에 사용되는 클라우드 기반의 디자인 도구입니다. 웹 기반으로 작동하
며, 팀원들과 협업하여 실시간으로 디자인 작업을 진행할 수 있는 장점
이 있습니다. 프로토타이핑, 디자인 시스템 관리, 백터 편집 등 다양한

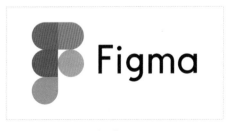

피그마 로고

기능을 제공하여 디지털 제품, 앱, 웹사이트 등의 사용자 인터페이스를 효과적으로 디자인할 수 있습니다.

피그마의 교육 활용성

피그마는 부분 유료 프로그램이지만, 개인으로 활용한다면 사실상 무료 프로그램입니다. 그럼에도 유사한 유료 프로그램에 비해 오히려 나은 성능을 보이는 부분이 많고, UI/UX 디자인 부분에서 널리 사용됩니다.

무엇보다 피그마는 교사, 학생에게 매력적인 도구입니다. 부분 유료로 제공되는 대부분 기능을 '교육용 계정'을 활용하면 무료로 접근할 수 있기 때문입니다. 이 계정을 활용하면 학생과 교사 간의 협업, 교사와 교사 간의 협업을 쉽게 유도할 수 있습니다. 또한 피그마의 교육용 활용성을 높이고자 피그잼(Figjam)을 만들어 누구든 무료로 사용할 수 있게 만들었습니다.

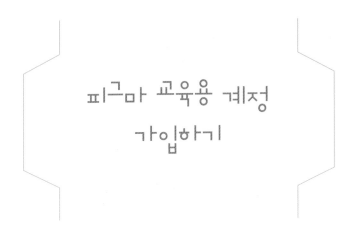

피그마 교육용 계정 가입하기

피그마 회원 가입하기

피그마를 사용하기 위해서는 먼저 피그마 계정을 생성해야 합니다. 피그마 홈페이지(www.figma.com)에 접속하여 [Get started for free]

피그마 홈페이지 우측 상단 [Get Started for free]를 클릭하여 계정 생성하기

구글 아이디가 있을 때 [Continue with Google]로 계정 생성

버튼을 클릭하고, 이메일 주소와 비밀번호를 입력하여 계정을 생성하거나 [Continue with Google]을 선택합니다. 구글 아이디가 있다면 [Continue with Google]을 추천합니다.

피그마 교육용 계정의 혜택

피그마는 단순 회원가입만으로도 충분히 많은 기능을 활용할 수 있습니다. 하지만 교육용 계정으로 업그레이드하면 그 혜택은 배가 됩니다. 교육용 계정은 '피그마 프로페셔널' 플랜을 무료로 받습니다. 무제

한으로 피그마/피그잼 파일을 생성할 수 있으며, 공유 및 비공개 프로젝트를 생성하고 팀 라이브러리를 만들 수 있습니다. 특히 학생, 교사 간 수업 활동이나 교사 간 협업 활동을 하려면 반드시 교육용 계정이 필요합니다.

피그마 교육용 계정으로 바꾸기

이제 교육용 계정 가입 방법을 알아봅시다. 로그인을 한 상태에서 화면 좌측의 [View plans]를 클릭해 'Choose a plan' 화면으로 넘어갑니다. 그 후 하단에 있는 [See all features]를 클릭하여 'Pricing' 화면으로 넘어간 후, [Free for students and educators]를 클릭합니다. 이 방법이 어렵다면 https://www.figma.com/education/ 주소를 넣어 이동합니다.

로그인을 하면 보이는 피그마 초기 화면

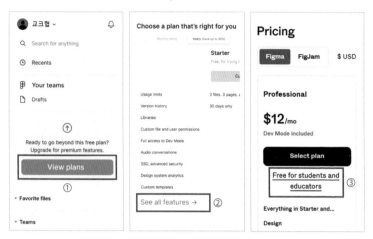

교육용 계정 가입 화면으로 넘어가는 방법

이 과정을 올바르게 따라왔다면, 다음 그림처럼 교육용 계정 홈페이지로 연결됩니다.

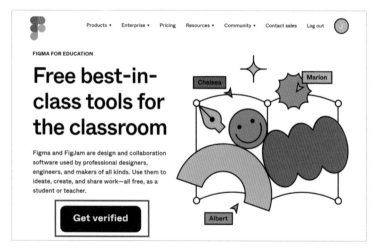

피그마 교육용 계정 홈페이지(https://www.figma.com/education/)

교육용 계정 홈페이지 화면 왼쪽 아래에 있는 [Get verified]를 선택합니다. 그러면 교육용 계정으로 바꿀 수 있게끔 신청서를 작성하는 화면이 나타납니다. 신청서 작성은 다음 내용을 참고하여 작성하도록 합니다. 양식 작성 후, [Submit]을 누르면 교육용 계정 신청이 완료됩니다. 복잡한 인증 절차 없이 자동으로 승인되니 편하게 계정 신청을 할 수 있습니다.

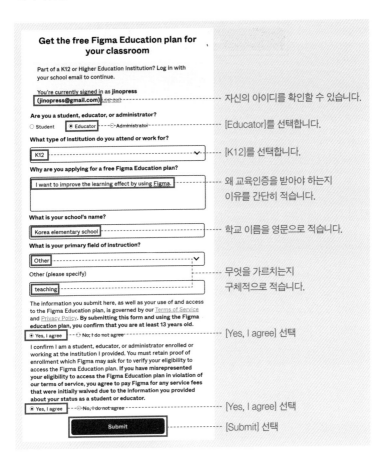

계정 신청 완료 팝업창이 뜨면 [Go to Figma]를 클릭합니다.

You're in!

Now you have all our <u>Professional tools</u> that make collaborating fun and easy. Create, upgrade, or join an existing team to get started.

Need a little inspiration? Explore thousands of education templates, plugins, and UI kits in the <u>Figma Community</u> to kickstart your next big idea.

Go to Figma

계정 신청 완료 팝업창

그러면 이제 화면은 처음에 있었던 'Recents' 화면으로 넘어갑니다. 여기서 마지막 작업으로 화면 좌측에 있는 [Choose team]을 클릭한 후, 현재 가지고 있는 팀(Team) 중 하나를 선택해야 합니다. 교육용 계정 혜택을 받는 팀을 선택하는 것입니다.

그 후 [I agree to Figma's~] 부분에 체킹한 후, [Complete upgrade]를 클릭하면 가입이 끝납니다. 교육용 계정은 월 20달러의 기능을 무료로 사용할 수 있습니다.

차후 협업할 팀 프로젝트를 새로 생성해도 교육용 계정 혜택을 그대로 받을 수 있습니다. 이 과정을 반복하면 됩니다.

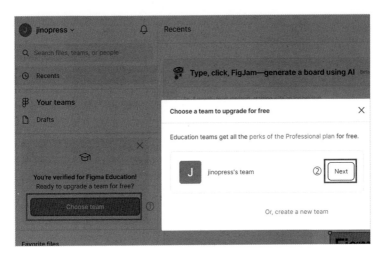

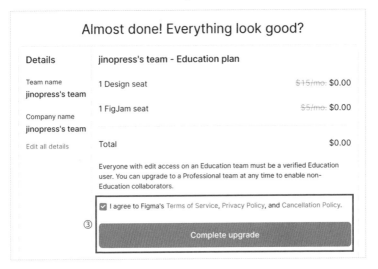

팀을 선택해 교육용 계정 효과를 적용하는 과정

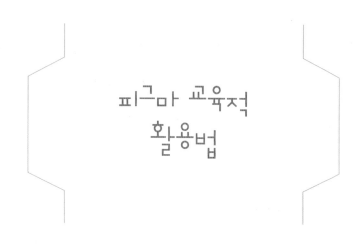

학습자료 정리(학습자료 창고)

피그마의 교육적 활용법은 이제 걸음마 단계입니다. 앞으로 선생님들의 역량을 통해 수많은 방법이 개발될 것을 기대합니다. 현재는 교육적 활용법을 세 가지로 나눠볼 수 있습니다. 첫 번째 활용법은 학습자료 창고입니다.

예를 들어 사회 6학년 1학기 경제 관련 교육에서 '우리나라 경제 성장 과정 문제점'에 대한 학습자료와 5학년 2학기 '6. 25전쟁'에 대한 학습자료를 본문 45쪽의 그림과 같이 만들 수 있습니다.

〈학습자료 창고-1〉은 각 모둠별 자료 창고의 예시로 모둠 학습에 활용할 수 있습니다. 〈학습자료 창고-2〉는 전체 학생들 자료 창고로 개인 학습에 활용할 수 있습니다.

피그마를 통한 제작한 〈학습자료 창고-1〉

피그마를 통한 제작한 〈학습자료 창고-2〉

디지털 학습자료

확대 축소가 가능하고, 도형을 자유롭게 배치할 수 있고, URL을 넣어 여러 자료를 링크할 수 있는 피그마의 장점을 살리면 학생과 교사는 이러한 자료를 바탕으로 디지털 학습자료를 만들 수 있습니다.

앞에서 만든 학습자료를 바탕으로 다음과 같은 디지털 자료를 제작할 수 있습니다.

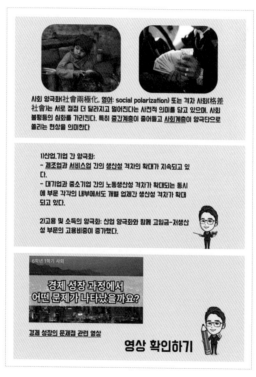

피그마로 제작한 프리젠테이션식 학습자료

이 디지털 자료는 PPT 형태로 만든 것입니다. 첫 번째 장은 사진과 설명을, 두 번째 장은 밑줄로 표시되는 키워드 링크를 활용했습니다. 마지막 세 번째 장은 동영상 링크를 활용했습니다. 이처럼 다양한 형식의 디지털 자료를 쉽게 만들 수 있고 다양한 파일 형태로 공유가 가능합니다. 특히 PDF로 내보낼 경우에는 링크도 그대로 살아 있습니다.

다음 자료 역시 피그마로 제작한 것입니다. 학습지 형태로 제작되었습니다.

피그마로 제작한 학습지 형태 학습자료

피그마의 가장 큰 장점 중 하나는 바로 협업이 가능하다는 것입니다. 앞에서 살펴본 두 가지 학습자료 모두 한 개인이 만든 것이 아니라 협업을 통해 만든 것입니다. 이런 협업을 통해 짧은 시간 내에 학습자료를 제작할 수 있고 쉽게 공유할 수 있습니다.

디지털 교과서 제작

2025년부터 디지털 교과서가 현장에 보급될 예정입니다. 피그마를 활용하면 그보다 앞서 디지털 교과서를 경험해볼 수 있고 직접 제작도 가능합니다. 하지만 디지털 교과서를 혼자서 만드는 건 쉽지 않은 일입니다. 단순히 프레젠테이션이나 학습지 정도는 괜찮지만 한 단원 한 학기의 자료를 만드는 것은 보통 일이 아니기 때문입니다.

그러나 피그마는 협업에 강합니다. 개인이 아니라 여러 명의 협업을 통하면 보다 쉽고 편리하게 진행할 수 있게 되고, 나아가 자신의 학급에 맞는 디지털 교과서를 제작할 수 있습니다.

디지털 교과서

6th History Magazine

李承晚 / Syngman Rhee

출생: 1875. 3. 26.
사망: 1965. 7. 19. (향년90세)
• 초대 대통령
 (1948. 7. 24. ~ 1952. 8. 14.)
• 제2대 대통령
 (1952. 8. 15. ~ 1956. 8. 14.)
• 제3대 대통령
 (1956. 8. 15. ~ 1960. 4. 27.)

< 4. 25 전쟁 이후 우리나라 >

"뭉치면 살고 흩어지면 죽는다."

(1950년 10월 평양 탈환 후 연설 中)

1875년2월종 12시반 황해도 평산에서 태어나 배재학당에서 수학하며 신학문을 연마하였고, 독립협회, 만민공동회, YMCA에서 활동하였다. 대한제국 하에서 관직을 얻기도 했으나, 고종의 독립협회 지도자들을 체포 구금하고 한민공동회를 통해 전임하는 과정에서 박영효와 함께되어 옥으에 기달 5년 7개월간 한성감옥에 투옥되기도 했다. 이들은종 참여 서민되어 옥사도작업 국제법이 부당함을 주장하는 만명운동 일으로 미국에 파견되 활동하였고, 한국의 주권회복을 위한 황립외교를 전개하였다.

"국민이 원한다면 대통령직을 사임하겠다."

(1960년 4월 26일 대통령 하야 성명에서)

尹潽善 / Yun Po-sun

"투표에서 이기고 개표에서 졌다."

1887년도1건향 2세의 조선 중립남도 정반군 무산에 사망에서 태어났다. 3 1운동 직후 대한민국 임시의정원에서 최연소 의원으로 활동하다가 신규식 등 신에 독립운동가들의 권유로 영국 유학을 마나 에든버러 대학교 대학원에서 교고학 학사 학위를 취득하였다.

1932년 귀국한 후 조선총독부의 요시찰 인물이 되어 잠시하다가, 충북 등 한반당 창당에 참여하고 신문사들 운영하여 언론인으로 활동하였으며, 이승만 대통령에 자항으로 서울특별시장 및 상공부 장관으로 임명되어 명성을 쌓았다.

대통령
8. 13. ~ 1962. 3. 24.)

신문 형태의 디지털 교과서

Lesson 3

WHERE ARE YOU FROM?

Where are you from?
(너는 어디에서 왔니?)

I'm from Korea.
(나는 한국에서 왔어.)

↗

Where are you from?
(너는 어디에서 왔니?)

I'm from America.
(나는 미국에서 왔어.)

↗

Where are you from?
(너는 어디에서 왔니?)

It's a bag.
(그것은 가방이야.)

↗

What is that?
(저것은 무엇이니?)

It's a fan.
(그것은 부채야.)

↗

Load more ↗

상호작용이 일어나는 형태의 디지털 교과서

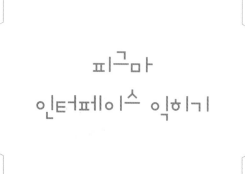

피그마 초기 화면

이번 장에서는 피그마를 사용하기 위한 기본적인 인터페이스를 살펴보겠습니다. Figma.com에 접속하고 로그인하면 초기 화면이 나타납니다. 초기 화면의 가장 큰 기능은 드라이브 기능입니다. 자신이 만든 파일을 확인할 수 있고, 팀 내에서 만든 파일을 확인할 수도 있습니다.

처음 초기 화면에 접속하면 좌측 패널이 [Recents]로 선택되어 있습니다. 그리고 그 우측으로 세 가지 세부 메뉴가 보입니다. 첫째, [Recently viewed]에서는 최근에 연 파일들을 확인할 수 있습니다. 이때 자신의 파일뿐 아니라 다른 사람의 파일도 함께 볼 수 있습니다. 둘째, [Shared files]에서는 공유된 파일을, 그리고 셋째, [Shared projects]에서는 공유된 프로젝트를 확인할 수 있습니다.

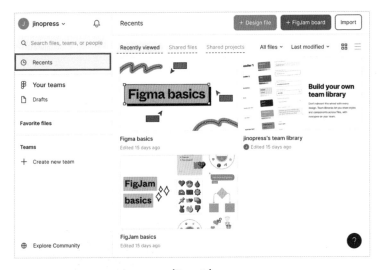

[Recents]

　　좌측 패널의 [Drafts]를 클릭합니다. [Drafts]는 자신이 생성한 파
일을 확인할 수 있는 공간입니다. [Draft]와 [Deleted] 두 가지 세부 메
뉴가 있습니다. [Drafts]에는 현재 활성화되어 있는 파일이 들어 있습

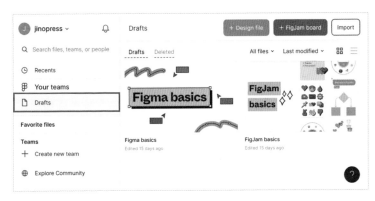

[Drafts]

니다. 열기를 원하는 파일 위에 마우스를 놓고 더블클릭 혹은 [우클릭 - Open]을 하면 해당 파일을 사용할 수 있습니다. 반면 [Deleted]는 삭제된 파일이 저장된 곳으로 해당 파일을 활성화하기 전까지 사용할 수 없습니다.

다음은 파일 위에 마우스를 놓고 우클릭한 모습입니다. 파일과 관련된 각종 기능들이 들어 있습니다.

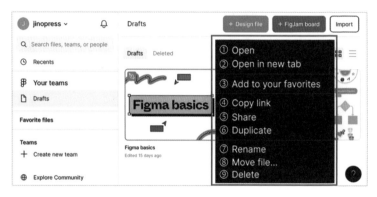

파일과 관련된 기능

① **Open(파일 열기):** 파일을 실행시켜 편집 화면으로 진입하는 기능.

② **Open in new tab(새 탭으로 열기):** 파일을 브라우저의 새 탭으로 여는 기능.

③ **Add to your favorites(즐겨찾기에 추가):** 파일을 왼쪽 패널에 있는 'Favorite files'에 추가하는 기능.

④ **Copy link(링크 복사):** 파일에 접근할 수 있는 링크를 복사하는 기능.

⑤ **Share(공유)**: 파일을 다른 사람에게 공유하는 기능.

⑥ **Duplicate(복제)**: 해당 파일과 똑같은 파일을 하나 더 생성하는 기능.

⑦ **Rename(이름 바꾸기)**: 파일의 이름을 바꾸는 기능.

⑧ **Move file...(파일 이동)**: 파일을 다른 위치로 이동시키는 기능.

⑨ **Delete(삭제)**: 파일을 삭제하여 [Drafts]의 [Deleted]로 이동시키는 기능.

[마우스 우클릭 – Add to your favorites] 혹은 파일 우측 상단의 별 모양 아이콘을 클릭하면 좌측 패널의 'Favorite files'에 추가됩니다. 자주 사용하는 파일은 이렇게 즐겨찾기를 하면 쉽게 접근할 수 있습니다.

피그마의 큰 장점 중 하나는 다른 사람들과 협업할 수 있다는 점입

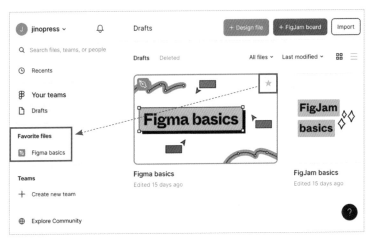

자주 쓰는 파일을 'Favorite files'에 저장하기

니다. 좌측 패널 'Teams' 아래에 'Figma 디지털 교과서'라는 팀 프로젝트

가 있습니다. [Free] 아이콘은 개인 계정으로 만든 프로젝트라는 뜻이

며, 이는 본문 39쪽에서도 살펴보았듯이 교육용 계정으로 업그레이드

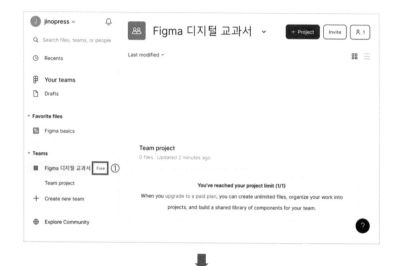

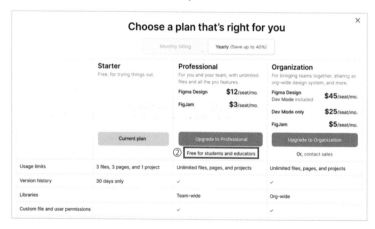

교육용 계정으로 업그레이드 방법: [Free] → [Free for students and educators] 클릭

할 수 있습니다. [Free] 아이콘 버튼을 누르면 'Choose a plane' 창이 화면에 나타납니다. 'Professional' 플랜 항목에 있는 [Free for students and educators]를 클릭해서 교육용 계정으로 업그레이드할 수 있습니다.

교육용이 아닌 개인 계정으로 가입했을 경우에는 'Starter' 플랜이지만, 학생과 교사 계정의 경우 'Professional' 플랜을 사용할 수 있습니다. 'Professional' 플랜을 사용하면 팀 내에서 파일, 페이지, 프로젝트 생성에 제한이 없습니다.

이제 파일을 생성해보겠습니다. 초기 화면의 우측 상단을 보면 세 가지 버튼이 있습니다. [+Design file]은 새로운 피그마 파일을 생성하는 버튼, [+Figjam board]는 새로운 피그잼 파일을 생성하는 버튼, [Import]는 컴퓨터에 있는 파일을 피그마로 가져오는 버튼입니다. [+Design file]을 클릭해 새로운 피그마 파일을 생성합니다.

파일 생성

피그마 디자인 화면 – 툴바

피그마 파일을 생성하면 피그마 디자인 화면이 나옵니다. 디자인 화면은 크게 네 구역으로 나눌 수 있습니다.

피그마 디자인 화면

① **툴바**: 디자인을 하기 위한 여러 가지 도구들이 모여 있는 구역.

② **좌측 패널**: 레이어, 에셋, 페이지 등을 설정할 수 있는 패널.

③ **캔버스**: 디자인을 하는 공간.

④ **우측 패널**: 디자인 세부 설정, 프로토타입 설정을 할 수 있는 패널.

먼저, 툴바를 살펴봅시다. 중앙에 제목을 입력하는 부분이 있습니다. [Untitled]를 클릭하여 파일 제목을 변경할 수 있습니다. 파일의 제목을 설정하면 추후 파일을 찾기 편리합니다.

제2부. 피그마로 디지털 교과서 만들기

파일 제목 변경 전　　　　　　　　파일 제목 변경 후

　툴바 왼쪽에는 아홉 가지 아이콘이 있습니다. 왼쪽부터 차례로 메인 메뉴, 무브/스케일, 프레임, 도형 툴, 펜 툴, 텍스트, 리소스, 핸드 툴, 애드 코멘트 아이콘입니다. 지금부터 하나하나 살펴보도록 하겠습니다.

툴바 도구

메인 메뉴

　메인 메뉴(Main menu)에는 각종 기능들이 들어 있습니다(본문 58쪽 그림 참고). 주요 기능 위주로 살펴보면 다음과 같습니다.

　• Back to Files: 초기 화면으로 돌아가는 기능. (참고: 피그마는 저장 버튼이 따로 없고 실시간으로 자동 저장됩니다.)

　• File: 파일과 관련된 기능들이 모여 있으며, 파일 생성, 내보내기 등을 할 수 있습니다.

　• Edit: 파일 내 편집을 하는 기능들이 모여 있으며, 객체 복사, 삭제 등을 할 수 있습니다.

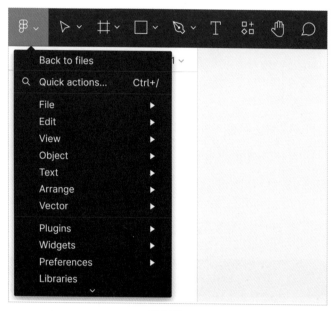

메인 메뉴

• View: 화면 보기 설정 기능이 모여 있으며, 줌인, 줌아웃 등을 할
수 있습니다.

무브/스케일

무브/스케일(Move/Scale)은 개체의 이동 및 선택, 그리고 개체의 크
기를 조절할 때 사용합니다.

• Move(단축키 V): 개체를 이동하거나 선택할 때 사용하는 도구.

• Scale(단축키 K): 개체의 크기를 조절할 때 사용하는 도구.

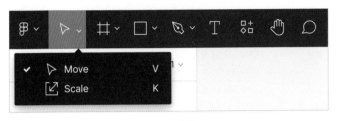

무브/스케일

프레임

프레임 툴은 쉽게 생각해 도화지라고 생각하면 됩니다. 캔버스를 책상이라고 했을 때, '프레임'이라는 도화지를 책상에 올려두고 디자인을 하는 것입니다.

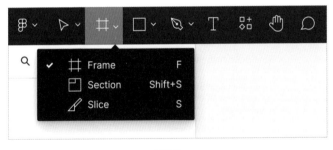

프레임

[Frame(단축키 F)]을 클릭한 상태에서 우측 패널을 보면 스마트폰부터 태블릿, 스마트워치 등 다양한 기기에 해당하는 프레임이 제공되어 있습니다. 피그마에서 제공하는 크기를 선택해 사용해도 되지만, 마우스를 드래그해 원하는 크기의 도화지를 만들 수도 있습니다.

Design　Prototype

iPhone 14 & 15 Pro Max	430×932
iPhone 14 & 15 Pro	393×852
iPhone 13 & 14	390×844
iPhone 14 Plus	428×926
iPhone 13 mini	375×812
iPhone SE	320×568
iPhone 8 Plus	414×736
iPhone 8	375×667
Android Small	360×640
Android Large	360×800
▸ Tablet	
▸ Desktop	
▸ Presentation	
▸ Watch	
▸ Paper	
▸ Social media	
▸ Figma Community	
▸ Archive	

다양한 크기의 프레임

도형 툴

도형 툴에는 크게 여섯 가지의 도형을 그릴 수 있는 기능과 이미지 혹은 동영상을 넣을 수 있는 기능이 있습니다.

도형 툴

- Rectangle(단축키 R): 사각형을 그리는 도구.

- Line(단축키 L): 선을 그리는 도구.

- Arrow(단축키 Shift+L): 화살표를 그리는 도구.

- Ellipse(단축키 O): 원형을 그리는 도구.

- Polygon: 다각형을 그리는 도구.

- Star: 성형(별모양)을 그리는 도구.

- Place image/Video(단축키 Ctrl+Shift+K): 이미지 혹은 동영상을 불러오는 도구.

펜 툴

펜툴에는 그림을 그리는 두 가지 도구가 있습니다. 두 도구 모두 그림을 그리고 나면 좌측 패널에 벡터로 표시됩니다.

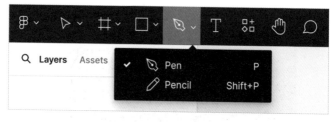

펜 툴

- Pen(단축키 P): 점으로 그림을 그리는 펜 도구.
- Pencil(단축키 Shift+P): 선으로 그림을 그리는 연필 도구.

텍스트

'Text(텍스트, 단축키 T)'는 텍스트를 작성하는 도구입니다. 텍스트를 작성하고 우측 패널에서 글꼴, 크기, 정렬 등을 설정할 수 있습니다.

텍스트

리소스

'Resources(리소스, 단축키 Shift+I)'에는 세 가지 기능이 들어 있습니다. 'Components(컴포넌트)', 'Plugin(플러그인)', 'Widgets(위젯)'인데, 이에 관한 자세한 내용은 본문 77쪽 〈플러그인 기능을 통해 확장성 넓히기〉에서 다룰 예정입니다.

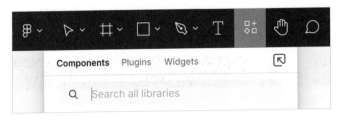

리소스

핸드 툴

'Hand tool(핸드 툴, 단축키 H 혹은 스페이스바)'은 화면에 보이는 캔버스의 위치를 옮길 때 사용하는 도구입니다. [Hand tool]을 선택하고 캔버스를 이리저리 움직여보면 보이지 않는 부분을 볼 수 있으며, [스페이스바]를 눌러도 같은 기능을 사용할 수 있습니다.

핸드 툴

애드 코멘트

'Add Comment(애드 코멘트, 단축키 C)'는 캔버스상의 원하는 부분에 댓글을 달 때 사용하는 기능입니다. 특히 협업 시 다른 사람의 작업에 댓글을 남기고 싶을 때 유용하게 사용할 수 있습니다.

애드 코멘트

피그마 디자인 화면 – 좌측 패널, 우측 패널

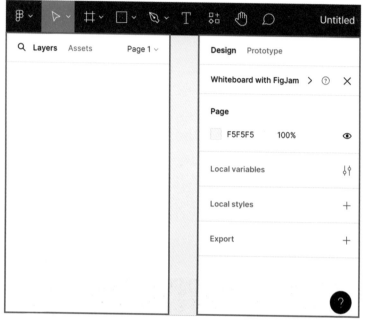

좌측패널과 우측패널

좌측 패널에서는 'Layer(레이어)', 'Assets(애셋)', 'Page(페이지)'에 관한 설정을 할 수 있습니다. 디자인을 하기 위해서는 레이어의 개념을 꼭 이해해야 합니다. 레이어는 쉽게 말해 '층'을 의미하는데, 이에 관한 자세한 내용은 본문 69쪽 〈레이어 이해하기〉에서 다루겠습니다.

우측 패널에는 'Design(디자인)'과 'Prototype(프로토타입)'이 있습니다. 'Design'은 캔버스에 프레임, 도형, 텍스트 등을 넣었을 때, 이를 더욱 다양하게 꾸밀 수 있는 기능입니다. 'Prototype'은 실제 웹/앱에서 사용하는 것처럼 UI/UX 동작 기능으로, 디자인에 다양한 애니메이션과 상호작용 효과를 넣을 수 있습니다. ('Prototype'의 자세한 기능과 사용법은 본문 94쪽의 〈디자인을 움직여라! 프로토타입〉에서 다루고 있습니다.)

프레임 디자인   라인 디자인   텍스트 디자인

'Design'의 경우 사용한 도구, 선택한 개체의 종류에 따라 다르게 나타납니다. 주요 기능 위주로 살펴보면 다음과 같습니다.

• Align: 요소를 상하좌우 정렬하는 기능.

- Frame: 프레임의 위치, 크기, 모서리 각도를 조절하는 기능.

- Fill: 원하는 색과 투명도를 선택하여 색 채움하는 기능.

- Stroke: 선(모서리)의 색, 투명도, 두께 등을 조절하는 기능.

- Text: 글꼴, 크기, 정렬 등 텍스트와 관련된 기능.

- Effect: 그림자, 블러 등 효과를 넣는 기능.

- Export: 내보내기 기능.

'Export'는 내보내기 기능으로 작품을 만들고 파일로 변환하고자 할 때 사용합니다. 학습자료를 만들고 이를 인쇄하여 사용하고 싶은 경우, 태블릿으로 해당 파일을 열고 싶은 경우 내보내기 기능을 사용하면 됩니다.

방법은 간단합니다. 원하는 레이어(프레임 혹은 요소)를 선택하고 우측 패널 맨 아래에 있는 'Export'에서 배율과 확장자를 지정합니다. 배율은 0.5배율부터 4배율까지 지원하며, 확장자는 PNG, JPG, SVG, PDF를 지원합니다. 배율이 커질수록 파일의 용량이 커지지만 확대했을 때 더욱 뚜렷합니다. 원하는 배율과 확장자를 선택했다면 아래에 있는 [Export (파일명)] 버튼을 클릭합니다. 내 컴퓨터의 다운로드 파일에 해당 파일이 저장된 것을 확인할 수 있습니다. 만약 내보내기 전 미리보기를 하고 싶다면 'Preview'를 통해 확인할 수 있습니다.

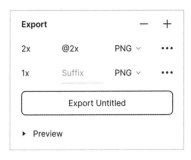

내보내기 기능

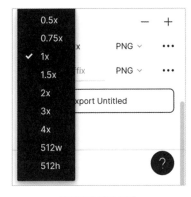

내보내기 배율 설정

내보내기 확장자 설정

알아두면 유용한 핵심 단축키

앞서 언급한 툴바 기능을 원활하게 사용하기 위해서는 단축키를 손에 익혀두는 것이 좋습니다. 단축키 사용 시 디자인 작업의 효율을 극대화할 수 있습니다. 다음은 자주 사용하는 핵심 도구의 단축키입니다.

구분	명칭(영어)	명칭(한글)	단축키
Main menu	Export	내보내기	Ctrl+Shift+E
Move/ Scale	Move	이동	V
	Scale	확대/축소	K
Frame	Frame	프레임	F
도형 툴	Rectangle	사각형	R
	Line	선형	L
	Arrow	화살표	Shift+L
	Ellipse	원형	O
	Place image/Video	이미지 혹은 동영상 불러오기	Ctrl+Shift+K
펜 툴	Pen	펜	P
	Pencil	연필	Shift+P
Text	Text	텍스트	T
Resources	Resources	리소스	Shift+I
Hand tool	Hand tool	손 도구	H 혹은 스페이스바
Add Comment	Add Comment	댓글 추가	C

레이어
이해하기

레이어의 개념

본문 50쪽 〈피그마 인터페이스 익히기〉에서 레이어에 관해 잠깐 언급했습니다. 레이어는 우리나라 말로 '층'을 의미하는 단어로, 각 개체 간의 앞, 뒤 순서를 정해 감추거나 보이도록 하는 역할을 합니다. 피그마뿐 아니라 파워포인트, 포토샵 등 다양한 곳에 사용되는 개념입니다. 피그마에서 레이어를 살펴보겠습니다. 피그마 툴바에 있는 다양한 도구를 활용해 캔버스에 요소를 만들면 왼쪽 패널에 레이어가 추가되며 각 요소는 개별적인 레이어로 존재하게 됩니다.

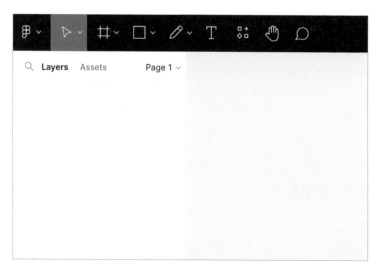

레이어 생성 전

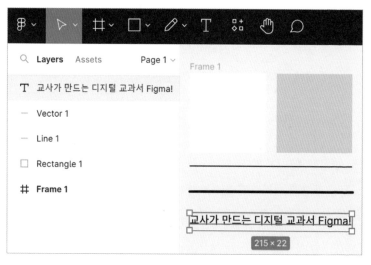

레이어 생성 후

　　　　　　　　　　　　　　　　　　　제2부. 피그마로 디지털 교과서 만들기

레이어의 기능

레이어 이름 바꾸기

레이어를 구분하기 쉽도록 레이어의 이름을 바꿔줍니다. 원하는 레이어를 더블클릭 혹은 [마우스 우클릭 − Rename(단축키 Ctrl+R)]을 통해 이름을 바꿉니다. 이름은 직관적으로 알아볼 수 있는 쉬운 이름으로 설정하는 것이 좋습니다.

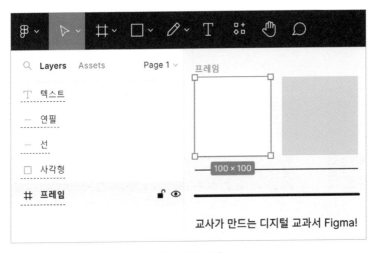

레이어 이름 변경

레이어 잠금과 잠금해제

레이어 끝의 자물쇠 버튼은 레이어의 'Lock/Unlock(잠금/잠금해제)' 기능입니다. 해당 레이어를 이동 혹은 변형시킬 수 없도록 잠궈놓거나(Lock) 이를 다시 해제하는(Unlock) 기능입니다. 'Lock/Unlock' 기

능은 [마우스 우클릭 – Lock/Unlock(단축키 Ctrl+Shift+L)]을 통해서도
사용할 수 있습니다.

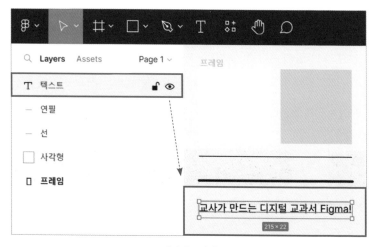

레이어 보이기

레이어 숨기기

제2부. 피그마로 디지털 교과서 만들기

레이어 보이기/숨기기

눈 모양 버튼은 레이어의 'Show/Hide(보이기/숨기기)' 기능입니다. 해당 레이어를 화면상에 보이지 않도록 하거나(Hide) 이를 다시 나타나게 하는(Show) 기능입니다. 레이어가 삭제된 것이 아니기 때문에 눈 모양 버튼을 활성화하면 캔버스에 다시 레이어가 보입니다. 'Show/Hide' 기능은 [마우스 우클릭 − Show/Hide(단축키 Ctrl+Shift+H)]을 통해서도 사용할 수 있습니다.

레이어 복제

[Alt] 키를 누른 상태에서 레이어를 이동시키면 해당 레이어를 복제할 수 있습니다. 이는 '복사(단축키 Ctrl+C), 붙여넣기(단축키 Ctrl+V)'를 통해서도 가능합니다.

레이어의 위치

레이어의 위치를 알아보기 위해 도형 툴을 활용해 캔버스에 기울어진 사각형 세 개를 그렸습니다. 세 사각형의 색상을 달리하고, 좌측 패널에서 각 레이어의 이름을 사각형의 색으로 바꿨습니다. 사각형이 초록, 보라 빨강순으로 놓여 있는데, 좌측 패널의 레이어 목록 역시 이와 같은 순서로 놓여 있는 것을 알 수 있습니다. 즉 캔버스상에서 뒤에 위치할수록 레이어 목록의 하단에 위치하게 됩니다.

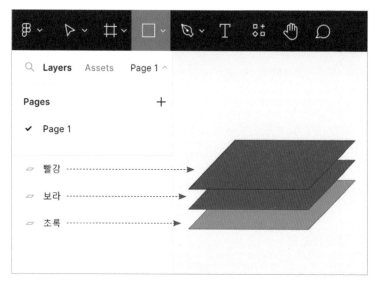

레이어의 위치 (변경 전)

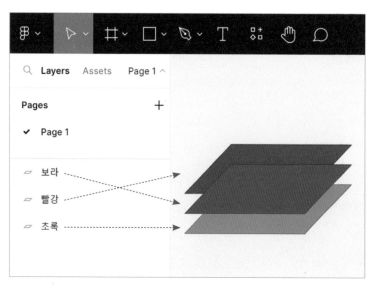

레이어의 위치 (변경 후)

제2부. 피그마로 디지털 교과서 만들기

이해를 돕기 위해 '빨강' 레이어와 '보라' 레이어의 순서를 바꾸어보면(본문 74쪽 아래 그림), '보라' 레이어가 '빨강' 레이어 위로 올라갔기 때문에 캔버스상에서도 보라색 사각형이 빨간색 사각형 위로 올라온 것을 알 수 있습니다. 이처럼 레이어는 캔버스상의 위계를 나타냅니다.

레이어의 그룹 설정과 해제

여러 개의 레이어가 있을 때 레이어 간의 그룹 설정과 해제가 가능합니다. 여러 개의 레이어를 하나의 레이어로 묶는 과정을 'Group', 반대로 그룹을 해제하는 과정을 'Ungroup'이라고 합니다. 그룹으로 묶을 레이어들을 선택한 후 [마우스 우클릭 – Group selection(단축키 Ctrl+G)]을 클릭하면 그룹이 만들어지며, [마우스 우클릭 – Ungroup(단축키

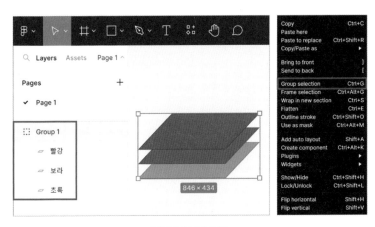

레이어의 그룹 설정

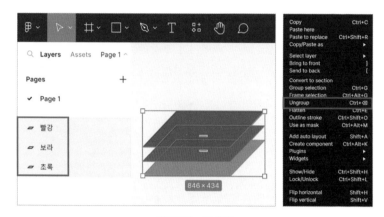

레이어의 그룹 해체

Ctrl+Backspace)]을 클릭하면 반대로 그룹이 해제됩니다. 그룹으로 묶인 레이어는 좌측 패널을 통해서도 확인할 수 있습니다. 그룹으로 통해 묶인 레이어들은 확대/축소, 이동, 복제를 할 경우 동시에 적용됩니다.

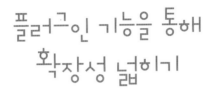

플러그인 기능을 통해
확장성 넓히기

플러그인의 개념

피그마의 큰 장점은 확장성이 뛰어나다는 것입니다. '리소스(Re-sources)' 툴의 '플러그인(Plugins)'과 '위젯(Widgets)' 기능을 활용하면 피그마 내에 있는 기능뿐 아니라 외부 기능도 불러와 사용할 수 있습니다.

그중에서도 피그마 플러그인을 살펴보겠습니다. 플러그인을 사용하는 방법은 아주 간단합니다. 플러그인 이름을 검색하고 [Run]을 누르면 됩니다.

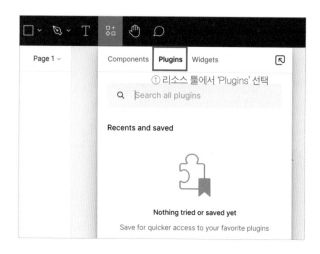

① 리소스 툴에서 'Plugins' 선택

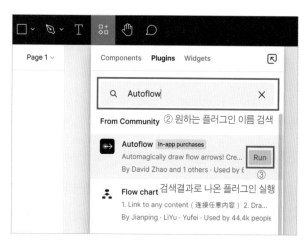

② 원하는 플러그인 이름 검색

검색결과로 나온 플러그인 실행

플러그인 사용 방법

디지털 교과서를 만드는 데 유용한 몇 가지를 소개하겠습니다.

Autoflow

'Autoflow(오토플로)'는 레이어 간에 화살표를 그릴 때 사용합니다. 피그마상에서 흐름을 나타내고 싶을 경우 사용하면 좋습니다.

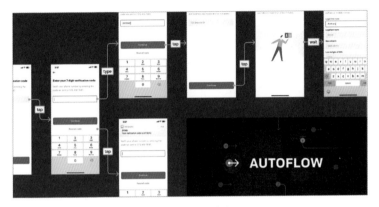

Autoflow 홍보 화면

사용하는 방법은 간단합니다. 한 레이어를 클릭한 상태에서 [Shift] 키를 누르고 연결하고자 하는 다음 레이어를 클릭하면 두 레이어를 연결하는 화살표가 그려집니다. 또한 캔버스 영역에 있는 상자, 텍스트 등의 개체를 직접 선택하는 경우에도 방법은 같습니다. 세부 설정에서 화살표의 두께, 모양, 색상 등을 설정할 수 있습니다.

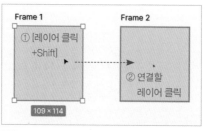

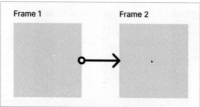

Autoflow 화살표 그리기

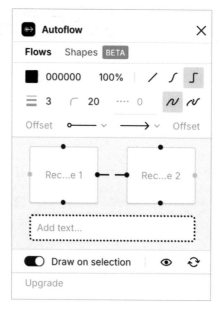

Autoflow 스타일 설정창

제2부. 피그마로 디지털 교과서 만들기

Iconify

'Iconify(아이콘파이)'는 17만 개 이상의 아이콘과 100개 이상의 아이콘 세트가 들어 있는 아이콘 라이브러리입니다. 대부분의 아이콘을 벡터 파일(SVG) 형태로 받을 수 있어 피그마 내에서 사용하기에 편리합니다.

Iconify 홍보 화면

아이콘 세트를 불러와 사용할 수 있고, 원하는 키워드를 검색하여 개별 아이콘을 불러와 사용할 수도 있습니다.

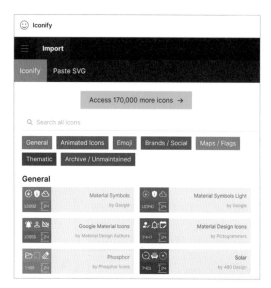

Iconify 아이콘 세트 사용하기

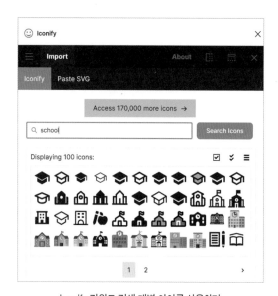

Iconify 키워드 검색 개별 아이콘 사용하기

Pixabay

학습자료를 만들다 보면 이미지를 불러와야 하는 경우가 많습니다. 'Pixabay(픽사베이)'에서는 다양한 이미지를 무료로 제공하고 있어 원하는 이미지를 편리하게 가져올 수 있습니다.

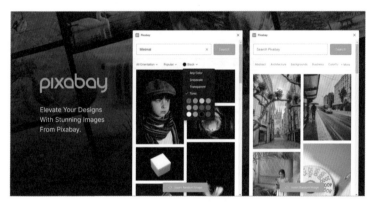

Pixabay 홍보 화면

키워드를 검색하고 검색창에 입력하고 [Search]를 누릅니다. 필터링에서 가로/세로 비율 및 색상을 선택하면 원하는 이미지를 보다 빠르게 찾을 수 있습니다.

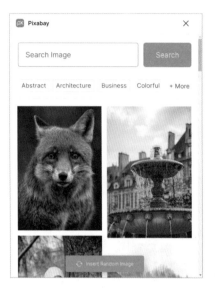

Pixabay 기본 화면

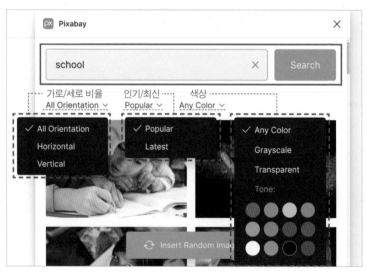

Pixabay 이미지 검색 필터링

Remove BG

'Remove BG(리무브 BG)'는 유명한 배경 제거 사이트입니다.

Remove BG 홍보 화면

해당 사이트에서 API를 발급받아 피그마에 입력하면 배경 제거 기능을 피그마에서도 사용할 수 있습니다. 'Remove BG' 플러그인을 활성화하고 [Set API Key]를 클릭하면 알림창이 뜹니다. 알림창의 2번 항목에 있는 remove.bg 주소로 접속합니다.

[Set API Key] → 2번 항목에 있는 remove.bg 주소로 접속

'Remove BG'에서 로그인을 하면 다음 화면이 뜹니다. 화면 우측 상단에 있는 [+New API Key]를 클릭합니다.

Remove BG 메인 화면

'New API Key' 창이 뜨면 [Create API Key]를 클릭합니다. 'API Key' 창이 뜨면 [Copy]를 눌러 발급된 'API Key'를 복사합니다.

[Create API Key] → [Copy]를 눌러 발급된 'API Key'를 복사

피그마로 돌아와 'API Key 입력란'에 복사해온 'API Key'를 붙여 넣기 하고 [Save]를 클릭하면, API를 발급 및 등록이 완료됩니다.

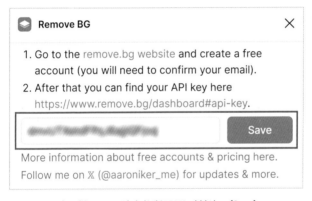

피그마 'API Key 입력란'에 'API Key' 복사 → [Save]

이제 피그마의 캔버스에 불러온 배경 제거를 원하는 사진 파일을 선택합니다. 그리고 'Remove BG'의 [Run]을 클릭하면 배경이 제거된 사진 파일을 볼 수 있습니다.

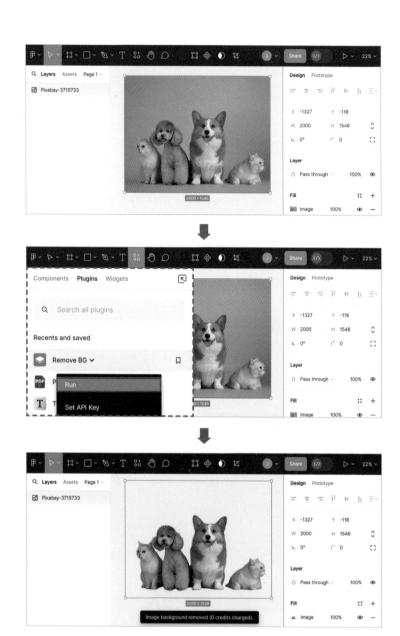

피그마에서 Remove BG로 사진 배경 제거하기

제2부. 피그마로 디지털 교과서 만들기

Type Tool

'Type Tool(타입 툴)'은 글자를 곡선에 따라 배치하는 기능입니다. 원형 디자인에 글자를 새길 때 사용하면 좋습니다.

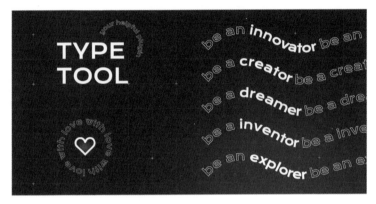

Type Tool 홍보 화면

사용 방법을 살펴보면, 우선 텍스트 툴을 사용해 캔버스 영역에 텍스트를 작성합니다. 'Type Tool'을 실행시켜 반지름, 회전, 글자 간격을 설정하고 [Apply]를 클릭합니다. 해당 텍스트가 설정값에 따라 배치된 것을 확인할 수 있습니다. 한 가지 유의할 점은 하나의 레이어였던 글자가 각각의 레이어로 분리된다는 점입니다.

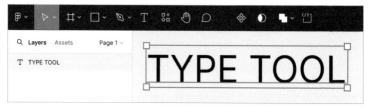

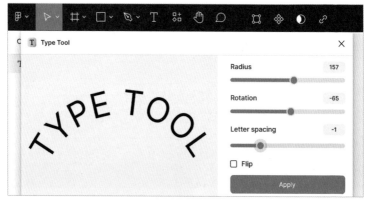

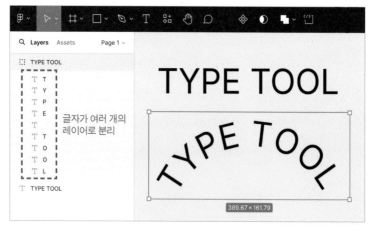

Type Tool 사용 방법

제2부. 피그마로 디지털 교과서 만들기

PDF to Figma

'PDF to Figma(피디에프 투 피그마)'는 PDF 파일을 피그마로 불러오는 기능입니다. 사실 이 플러그인만으로도 피그마 디지털 교과서를 사용할 가치가 충분하다고 말할 수 있을 정도로 매우 유용한 기능입니다.

PDF to Figma 홍보 화면

메타버스 수업에 관한 PDF 파일을 불러오겠습니다. 해당 파일은 10페이지로 구성되어 있습니다.

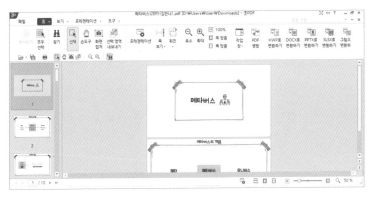

내 컴퓨터에 저장되어 있는 PDF 파일

'PDF to Figma'를 실행하고, PDF 파일을 드래그 앤 드롭으로 넣습니다. [Scale]에서 배율을 선택합니다. 배율이 높을수록 용량이 커지지만, 확대했을 때도 선명하게 자료를 볼 수 있기 때문에 배율을 높이는 것을 추천합니다. [Insert pages]를 클릭합니다.

 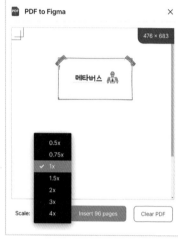

PDF 파일 드래그 앤 드롭   [Scale]에서 배율 선택

PDF 파일이 각각의 프레임으로 변환된 모습을 확인할 수 있습니다(본문 93쪽 그림). 단원별로 분류해놓으면 더욱 편리하게 사용할 수 있습니다. 이렇게 PDF를 피그마로 불러오면 PDF 위에 다른 자료를 넣거나 필기를 하는 등 다양하게 활용할 수 있습니다.

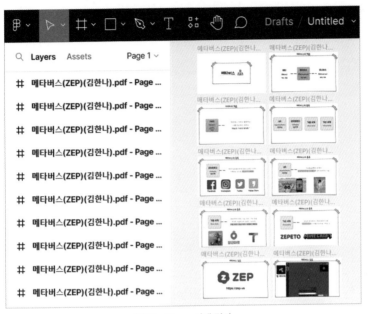

PDF to Figma 실행 결과

디자인을 움직여라!
프로토타입

피그마는 UI/UX 웹디자인 툴입니다. 'Prototype(프로토타입)'은 실제 웹/앱에서 사용하는 것처럼 UI/UX 디자인을 작동시키는 기능입니다. 이를 교육에 적용하면 학습자료를 만들거나 프레젠테이션을 할 때 유용하게 사용할 수 있습니다.

우선 우측 패널의 [Prototype]을 클릭합니다. 프로토타입을 사용하기 위해서는 가장 먼저 프레임이 생성되어 있어야 합니다. 이 책에서는 바로 앞 장에서 불러온 PDF 파일이 프레임 기능을 하기 때문에 따로 프레임을 생성하지 않고 이를 활용하겠습니다.

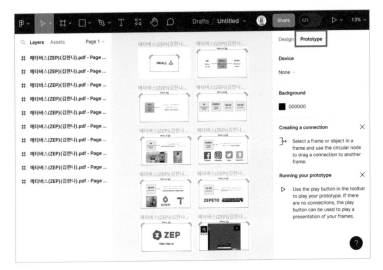

[Prototype] 선택하기

마우스를 프레임의 엣지(가장자리) 부분에 위치시키면 모서리 중앙에 [+] 버튼이 나타납니다. [+] 버튼에서 화살표를 뽑아내 다음 프레임 (레이어)에 연결합니다.

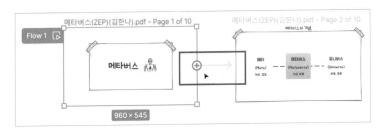

프로토타입 사용 방법

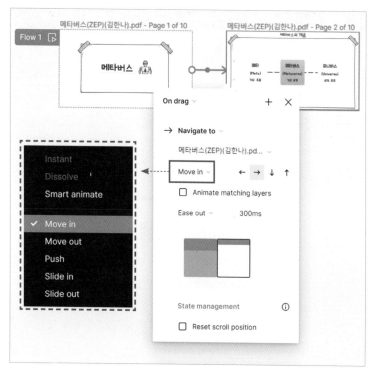

프로토타입 세부 설정

이때, 프로토타입에 관한 세부 설정을 할 수 있습니다.

• Navigate to: 다음 프레임으로 보여줄 프레임 선택.

• 화면전환 애니메이션: Instant(즉시), Dissolve(디졸브), Smart animate(자동 애니메이션 효과).

Flow 1 ⬚ 플로우1 버튼은 프로토타입을 실행했을 때 가장 먼저 보이는 프레임을 의미합니다. 해당 버튼을 움직여 다른 프레임에 붙이면 해당 프레임이 가장 먼저 보이게 됩니다.

프로토타입 화살을 모두 연결했다면 우측 상단에 있는 삼각형 버튼 [▷(Present, 단축키 Ctrl+Alt+Enter)]을 클릭하여 프로토타입을 확인합니다.

[Present] 버튼으로 프로토타입 확인하기

본문 98쪽 그림처럼 화살표에 따라 프로토타입이 실행되는 것을 알 수 있습니다. 이처럼 프로토타입을 활용하면 보다 유기적이고 역동적인 교수학습자료를 만들 수 있습니다.

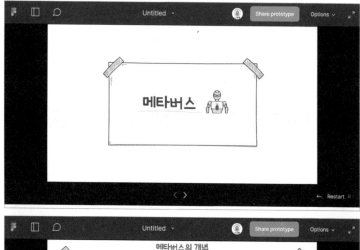

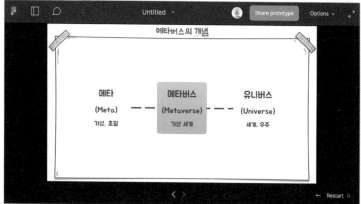

프로토타입 실행 결과

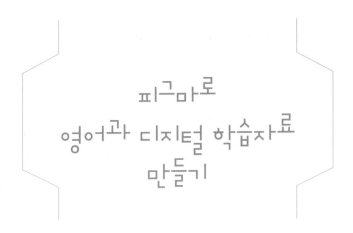

피그마의 기본 기능과 개념을 모두 이해했다면 이를 바탕으로 수업에 활용 가능한 디지털 학습자료를 제작할 수 있습니다. 피그마의 여러 기능 중 텍스트 툴, 이미지 툴, 하이퍼링크 기능을 활용하여 영어과 디지털 학습자료를 만들어보겠습니다.

Lesson 10. Where Is the Post Office?

Grade 6   Class _____   No. _____   Name _____

1. New Words

garden   restaurant   pond   hospital

(   )   (   )   (   )   (   )

2. Key Expressions

1. Where is the police station?

(   )

2. Go straight two blocks and turn left.

(   )

3. Song

- **<u>Directions Song</u>**

피그마를 활용하여 만든 영어과 디지털 학습자료 예시

캔버스 설정하기

영어과 디지털 학습자료 작성을 위해 먼저 피그마에 접속한 후 오른쪽 상단에 파란색으로 표시되어 있는 [+Design file]을 클릭합니다.

피그마 디자인 파일 열기

디자인 파일이 열리면 상단에 있는 캔버스의 [Untitled]을 더블클릭하여 [영어과 디지털 학습자료]로 수정합니다.

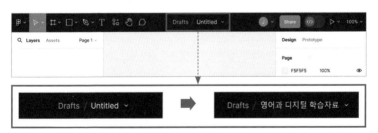

캔버스 이름 수정하기

다음으로 캔버스의 색을 바꿔보겠습니다. 캔버스를 처음 생성하면 기본적으로 밝은 회색으로 설정이 되어 있는 것을 확인할 수 있습니다. 그대로 작업해도 되지만 작업을 수월히 하기 위해 캔버스의 색을 변경할 수 있습니다. 먼저 오른쪽 'Design' 패널의 'Page'를 살펴보면 캔버스의 색상을 변경할 수 있는 영역을 확인할 수 있습니다. 여기서 눈에 잘 띄도록 캔버스의 색상을 조금 어두운 회색 계열인 [CCCCCC]로 바꾸겠습니다.

캔버스 색상 변경하기: 밝은 회색[F5F5F5] → 어두운 회색[CCCCCC]

프레임 생성하기

A4 크기의 프레임을 사용하여 영어과 디지털 학습자료를 만들어 보겠습니다. 먼저 화면의 왼쪽 상단에 있는 프레임 툴을 선택합니다.

프레임 툴에서 [Frame] 선택하기

프레임 툴에서 [Frame]을 클릭하면 화면 오른쪽에 디자인 패널이 나타나는데 이 중에서 자신이 만들고 싶은 프레임을 선택할 수 있습니다. 이 책에서는 학교에서 가장 많이 사용하는 학습지의 크기를 참고하여 여러 프레임 중에서 [Paper]의 [A4 사이즈(595*842)]를 선택하였

프레임 설정하기: [Paper] → [A4(595*842)]

습니다.

캔버스 위에 A4 크기의 프레임이 하나 생성되었습니다. 다음으로 오른쪽 상단에 적혀 있는 이름을 [영어과 디지털 학습자료_1]로 수정합니다.

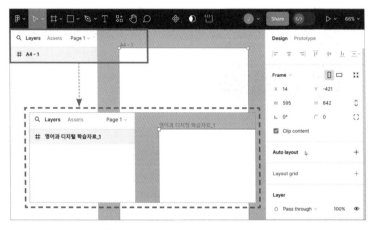

프레임 이름 수정하기: [A4-1] → [영어과 디지털 학습자료_1]

텍스트 작성하기

화면 상단에 있는 툴바에서 텍스트 툴을 선택합니다.

텍스트 툴 선택하기

다음으로 미리 생성한 프레임 안에 영어과 학습지의 단원명을 적을 수 있는 적당한 크기의 텍스트 레이어를 만듭니다. 텍스트 레이어 안에 [Lesson 10. Where Is the Post Office?]를 입력한 후 [Enter] 키 또는 [esc] 키를 눌러 텍스트 작성을 완료합니다.

텍스트 레이어 만들기

텍스트 레이어 안에 텍스트를 먼저 적어주는 이유가 있나요? 텍스트 레이어를 처음 만들 때 텍스트 레이어에 아무것도 적지 않고 [Enter] 키 또는 [esc] 키를 누르면 텍스트 레이어가 사라집니다. 이를 미리 방지하기 위해서 텍스트 레이어를 만들면 반드시 텍스트를 적어야 합니다.

다음으로 텍스트 레이어의 크기를 수정합니다. 텍스트 레이어를 선택한 후 우측 패널의 'Design'에서 '텍스트 레이어의 크기(W, H)'를 수정할 수 있습니다. 예시로 제시된 영어과 디지털 학습자료와 같이 마우스 드래그 또는 텍스트 상자의 수치를 조절하여 [W595, H48]의 텍스트 레이어를 만들고 프레임 위에 알맞게 배치합니다.

텍스트 레이어 크기 수정하기: [W595, H48]

다음으로 디자인 패널의 'Text'에서 자신이 원하는 형태로 텍스트를 수정합니다.

(본 교재 예시) [폰트 Inter / 굵기 Bold / 크기 20 / 가운데 정렬]

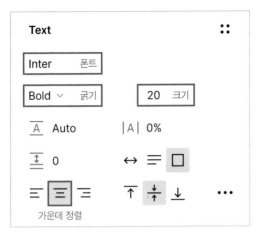

텍스트 수정하기: [폰트 Inter / 굵기 Bold / 크기 20 / 가운데 정렬]

다음으로 '학년, 반, 번호, 이름'을 적을 수 있는 텍스트 레이어를 하나 더 만들어보겠습니다. 이전의 방법과 같이 새로운 텍스트 레이어를 생성할 수도 있지만, 이전에 만들었던 텍스트 레이어를 복사해서 사용하면 작업의 속도를 높일 수 있습니다. 텍스트 레이어를 복사하는 방법은 여러 가지가 있으므로 [Ctrl+c, Ctrl+v / Alt+Drag / Alt+Shift+Drag] 등 가장 선호하는 방법으로 텍스트 레이어를 복사하여 사용하면 됩니다.

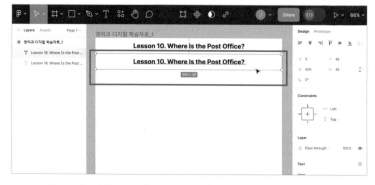

텍스트 레이어 복사하기: [Ctrl+c, Ctrl+v / Alt+Drag / Alt+Shift+Drag] 등

TIP

텍스트 레이어 복사 단축키 [Ctrl+c, Ctrl+v / Alt+Drag / Alt+Shift+Drag]는 어떻게 다른가요?

- [Ctrl+c, Ctrl+v]: 한글 문서 작업 시에 가장 많이 사용하는 '복사하기/붙여넣기'와 같은 기능입니다. 단, [Ctrl+c, Ctrl+v]로 '복사하기/붙여넣기'를 실행했을 때 복사되는 이미지나 텍스트 레이어가 원본 파일에 그대로 겹쳐서 나타나기 때문에 각 레이어의 구분이 어렵습니다.

- [Alt+Drag]: [Alt]를 누른 상태에서 복사하고 싶은 이미지나 텍스트 레이어를 드래그해주면 원본이 그대로 복사되어 자유롭게 대상을 이동시킬 수 있습니다.

- [Alt+Shift+Drag]: [Alt+Shift]를 누른 상태에서 복사하고 싶은 이미지나 텍스트 레이어를 드래그해주면 원본 개체를 아래/위 또는 오른쪽/왼쪽으로 이동시킬 수 있습니다. 이 기능을 활용하면 복사된 개체를 원본과 일정하게 아래/위 또는 오른쪽/왼쪽으로 정렬하는 작업을 쉽게 할 수 있습니다.

새로 생성된 텍스트 레이어의 내용을 수정한 후 디자인 패널의 'Text'에서 원하는 형태로 텍스트를 수정합니다.

(본 교재 예시) [글꼴 Inter / 굵기 Regular / 크기 14 / 가운데 정렬]

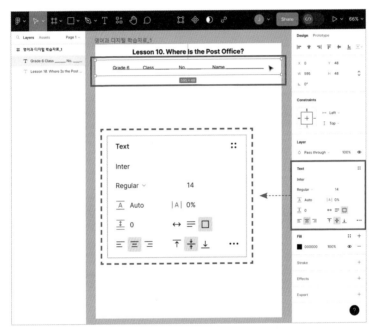

텍스트 수정하기: [글꼴 Inter / 굵기 regular / 크기 14 / 가운데 정렬]

소제목 텍스트 레이어도 같은 방법으로 만들어줍니다. 원하는 방식으로 텍스트 레이어를 복사하고 붙여넣기하여 텍스트 레이어를 만든 후 원하는 자리에 배치하고 텍스트를 수정합니다.

(본 교재 예시) [글꼴 Inter / 굵기 Semi Bold / 크기 18 / 왼쪽 정렬]

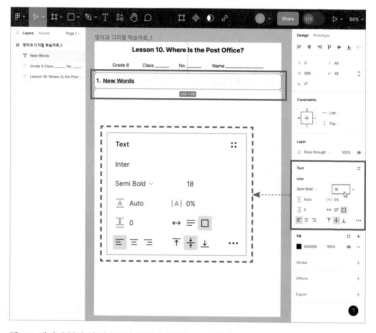

텍스트 레이어 복사 및 텍스트 수정하기: [글꼴 Inter / 굵기 Semi Bold / 크기 18 / 왼쪽 정렬]

도형 만들기

다음으로 프레임 안에 도형을 만들어보겠습니다. 툴바에 있는 도형 툴에서 사각형을 선택합니다.

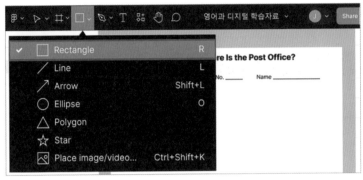

도형 툴에서 사각형 선택하기

이후 마우스 포인터를 드래그하여 프레임 안에 적당한 크기의 사각형을 하나 만들어줍니다.

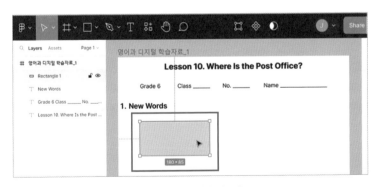

프레임 위에 사각형 만들기

다음으로 사각형의 크기를 수정합니다. 사각형을 마우스로 클릭하면 오른쪽 디자인 패널에서 사각형 레이어의 크기(W, H)를 수정할 수 있습니다.

(본 교재 예시) 사각형의 크기 [W110, H90]

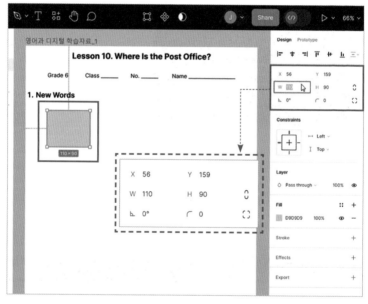

사각형 크기 수정하기: [W110, H90]

같은 크기의 사각형을 세 개 더 만들어보겠습니다. 텍스트 레이어와 같이 이미 만들어놓은 사각형을 복사하여 붙여넣기하는 것도 가능합니다. 사각형을 세 개 복사하여 붙여넣기합니다.

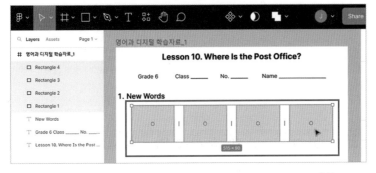

사각형 복사하여 붙여넣기: [Ctrl+c, Ctrl+v / Alt+Drag / Alt+Shift+Drag] 등

TIP

같은 작업을 반복하는 경우 도움을 주는 단축키가 있나요? 텍스트 레이어나 도형을 '복사하기/붙여넣기'하는 방법으로 [Ctrl+c, Ctrl+v / Alt+Drag / Alt+Shift+Drag] 등을 사용할 수 있습니다. 그런데 사각형을 복사하여 붙여넣기 한 것처럼 같은 작업을 반복해야 한다면 다음의 단축키를 사용해보죠. 먼저 사각형 하나를 복사하고 붙여넣기 하여 작업을 완료합니다. 이후 단축키 [Ctrl+d]를 눌러주면 앞에서 했던 작업을 반복할 수 있습니다.

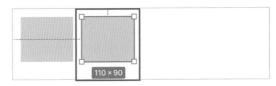

사각형을 [복사하기 → 붙여넣기] 하기

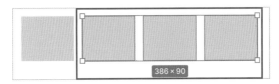

[Ctrl+d]로 같은 작업 반복 실행하기

마지막으로 네 개의 사각형을 드래그하거나 그룹 지정하여(단축키 [Ctrl+g]) 하나의 그룹으로 만든 뒤 가운데로 배치합니다. 개체를 배치할 때 작업자의 프레임 안에 자동적으로 기준선(가로선/세로선)이 나타나므로 이를 참고하여 배치하면 수월하게 작업할 수 있습니다.

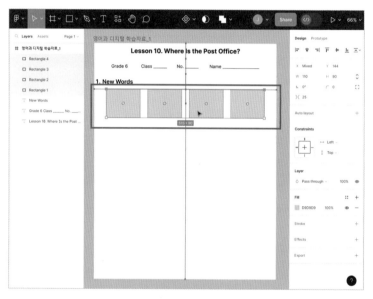

프레임 안에 도형 배치하기

이미지 삽입하기

다음으로 사각형 안에 이미지를 넣어보겠습니다. 화면 상단에 있는 툴바에서 도형 툴을 선택한 다음 가장 아래에 있는 [Place image/video]를 선택합니다.

도형 툴에서 [Place image/video] 선택하기

사각형에 넣으려고 미리 준비해둔 이미지들이 저장된 폴더로 이동해 원하는 사진 하나를 선택하고 [열기]를 클릭합니다.

이미지 파일 선택하기

그러면 마우스 커서 옆에 '+' 표시와 해당 이미지가 함께 나타납니다. 이미지를 넣고자 하는 사각형을 클릭하면 사각형 안이 해당 이미지로 채워집니다.

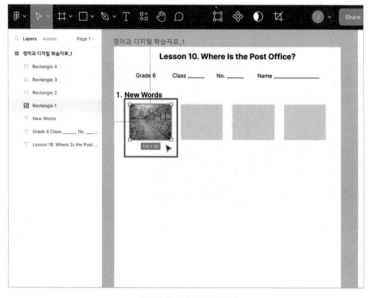

사각형에 이미지 파일 넣기

나머지 세 개의 사각형에도 이미지를 넣어줍니다. 앞서 안내한 방법으로 이미지를 선택하여 넣을 수도 있지만, 이보다 조금 더 편리한 방법을 알아보겠습니다. 우선 [Place image/video]를 클릭하여 이미지 파일이 저장된 폴더로 이동합니다. 그리고 세 개의 사각형에 넣고자 하는 세 개의 이미지를 드래그 또는 [Ctrl] 키를 사용하여 한 번에 선택합니다.

다중 이미지 선택하기

[열기]를 클릭하면 마우스가 '+' 표시로 변하고 숫자 '3'과 함께 선택한 이미지가 나타납니다. 이미지가 들어갈 사각형을 차례로 클릭하면 해당 사각형에 원하는 이미지가 채워집니다.

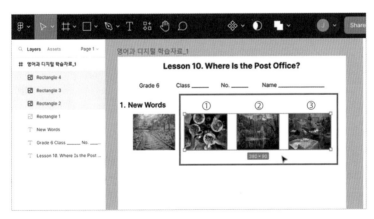

다중 이미지 사각형에 삽입하기

텍스트와 도형 그룹으로 지정하기

다음으로 도형과 텍스트 레이어를 하나의 개체로 만들어보겠습니다. 먼저 도형 툴을 사용하여 사각형을 하나 생성합니다. 사각형의 크기는 영어 단어를 적어 넣을 수 있는 크기를 생각하여 [W120, H48]로 설정합니다.

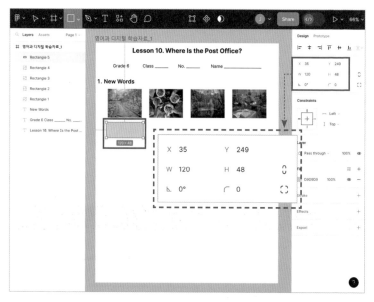

사각형 개체 만들기: [W120, H48]

다음으로 화면 상단에 있는 툴바에서 도형 툴을 선택한 후 가장 아래에 있는 [Place image/video]를 선택하여 '영어 줄공책 이미지'를 사각형에 넣습니다.

사각형에 '영어 줄공책 이미지' 넣기

 피그마에서 레이어에 이미지를 넣는 방법은 총 네 가지입니다. 이미지를 더블클릭하면 이미지 'Custom' 창이 활성화되는데 이때 왼쪽 상단의 [Fill]이라는 단어를 확인할 수 있습니다. [Fill]을 클릭하면 [Fill / Fit / Crop / Tile]이 나타납니다. 각 방법의 특징은 다음과 같습니다.

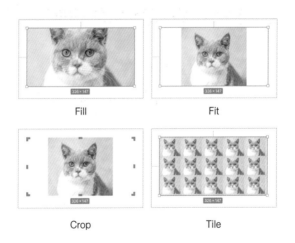

- [Fill]: 선택한 이미지를 원하는 도형에 빈틈 없게 꽉 채 워줍니다.
- [Fit]: 이미지의 가로나 세로 중에서 크기가 큰 쪽에 맞 춰 이미지를 도형에 채워줍니다. 이때 도형에 빈틈이 생길 수 있습니다.
- [Crop]: 선택한 이미지의 사이즈를 작업자가 조절해서 잘라 사용할 수 있습니다.
- [Tile]: 이미지를 반복적인 패턴으로 만들어 도형에 넣 을 수 있습니다.

다음으로 텍스트 툴을 사용하여 텍스트 레이어를 하나 그린 다음 [garden]이라는 단어를 적습니다. 텍스트 레이어의 크기는 앞서 만들 었던 사각형의 크기와 같이 [W120, H48]로 수정합니다.

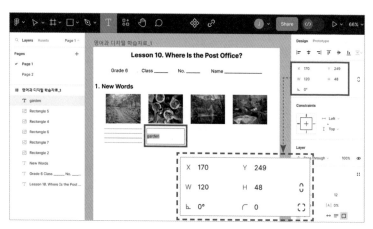

텍스트 레이어 만들기: [W120, H48]

제2부. 피그마로 디지털 교과서 만들기

텍스트 레이어 안의 텍스트를 다음과 같이 수정합니다.

(본 교재 예시) [글꼴 Inter / 굵기 Light / 크기 25 / 가운데 정렬]

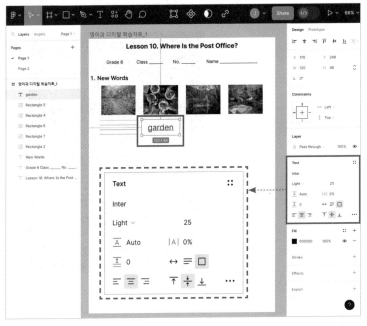

텍스트 수정하기: [글꼴 Inter / 굵기 Light / 크기 25 / 가운데 정렬]

이제 텍스트 레이어를 드래그하여 '영어 줄공책 이미지'를 넣은 사각형 위에 겹쳐줍니다. 그리고 사각형과 텍스트 레이어를 함께 드래그한 뒤 [마우스 우클릭 − Group selection]을 선택하거나 단축키 [Ctrl +g]를 사용하여 그룹으로 지정합니다.

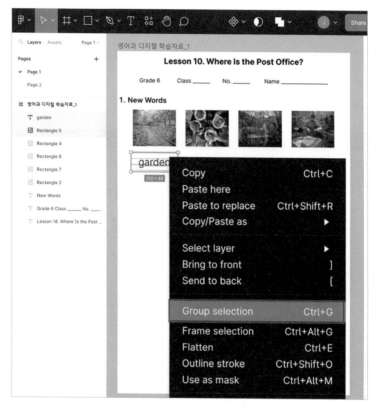

사각형 개체와 텍스트 레이어를 그룹으로 지정하기

다음으로 [Ctrl+c, Ctrl+v / Alt+Drag / Alt+Shift+Drag] 중 원하는
방법으로 그룹으로 묶인 개체 세 개를 더 복사하여 붙여넣기합니다.
이후 텍스트 레이어 안의 텍스트를 원하는 단어로 수정합니다.

그룹 개체 '복사하기/붙여넣기'한 후 텍스트 수정하기

텍스트 툴을 사용하여 텍스트 레이어를 만든 뒤 괄호를 넣어줍니다.

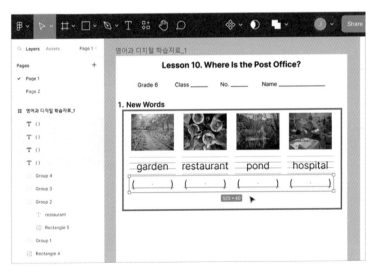

텍스트 레이어를 만들어 '괄호' 넣기

이와 같은 방법으로 아래 그림처럼 [2. Key Expressions] 섹션을 만듭니다. 이때 완전히 새로 만들기보다는 [1. New Words]에 있는 텍스트 레이어를 복사하여 만들면 편리합니다.

[2. Key Expressions] 섹션 만들기

원 도형에 그림 넣기

이번에는 사각형 대신 원을 만들고 그 안에 이미지를 넣어보겠습니다. 먼저 도형 툴에서 원을 선택합니다.

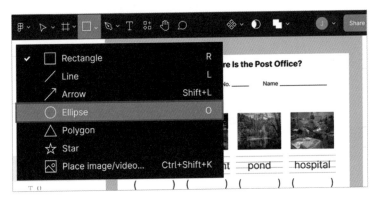

도형 툴에서 원 선택하기

원의 크기는 [W200, H200]으로 만듭니다.

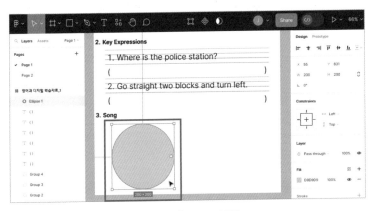

원 만들기: [W200, H200]

도형 툴의 [Place image/video]를 클릭 후 원하는 이미지를 선택해서 원을 클릭합니다. (사각형 속에 이미지를 넣을 때와 같은 방법입니다.)

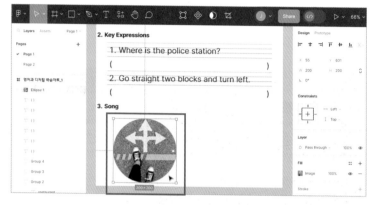

원 안에 이미지 넣기

다음으로 텍스트 레이어를 만들고 그 안에 [Directions Song]이라고 입력합니다.

텍스트 레이어 추가하기

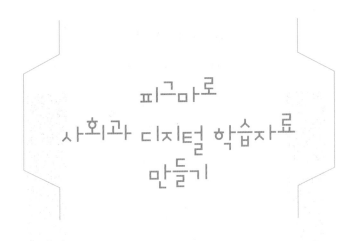

이번 장에서는 피그마의 플러그인과 프로토타이핑을 활용하여 사회과 디지털 학습자료를 만들어보겠습니다.

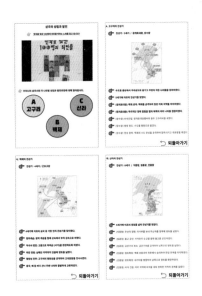

삼국의 성립과 발전

👉 '한국을 빛낸 100명의 위인들'이라는 노래를 알고 있나요?

👉 우리나라 삼국시대 각 나라별 성립과 발전과정에 대해 알아봅시다.

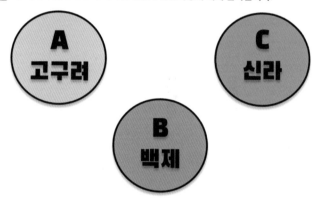

피그마를 활용하여 만든 사회과 디지털 학습자료 예시

A. 고구려의 전성기

👉 **전성기 : 5세기 / 광개토대왕, 장수왕**

👉 **수도를 졸본에서 국내성으로 옮기고 주변의 작은 나라들을 정복하였다.**

👉 **5세기에 이르러 전성기를 맞았다.**

👉 **(광개토대왕) 백제 공격: 백제를 공격하여 한강 이북 지역을 차지하였다.**

👉 **(광개토대왕) 적극적인 정복 활동을 펼쳐 북쪽의 여러 나라를 점령하였다.**

👉 (장수왕) 비석건립: 광개토대왕릉비와 충주 고구려비를 세웠다.

👉 (장수왕) 평양 천도: 수도를 평양으로 옮겼다.

👉 (장수왕) 한성 함락: 백제의 수도 한성을 공격하여 함락시키고 개로왕을 죽였다.

 **되돌아가기**

피그마를 활용하여 만든 사회과 디지털 학습자료 예시

나. 백제의 전성기

 전성기 : 4세기 / 근초고왕

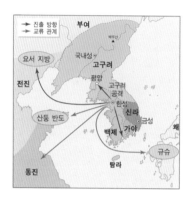

 4세기에 이르러 삼국 중 가장 먼저 전성기를 맞이했다.

 왕위세습: 왕의 계승을 형제 상속에서 부자 상속으로 바꿨다.

 역사서 편찬: 고흥으로 하여금 [서기]를 편찬하도록 하였다.

 마한 정벌: 남해안 지역까지 진출해 영토를 넓혔다.

 평양성 전투: 고구려의 평양성을 공격하여 고국원왕을 전사시켰다.

 중국, 왜 등 바다 건너 주변 나라와 활발하게 교류하였다.

피그마를 활용하여 만든 사회과 디지털 학습자료 예시

라. 신라의 전성기

 전성기 : 6세기 / 지증왕, 법흥왕, 진흥왕

 6세기에 이르러 영토를 넓혀 전성기를 맞았다.

 (지증왕) 우산국 점령: 이사부를 보내 우산국를 정복해 영토를 넓혔다.

 (법흥왕) 불교 공인: 이차돈의 순교를 통해 불교를 공인하였다.

 (법흥왕) 금관가야 복속: 금관가야를 공격하여 남쪽으로 영토를 넓혔다.

 (진흥왕) 영토확장: 백제 성왕과의 전투에서 승리하여 한강 유역을 차지하였다.

 (진흥왕) 영토확장: 대가야을 병합하여 남쪽으로 영토를 확장하였다.

 (진흥왕) 비석 건립: 여러 지역에 비석을 세워 정복한 지역의 경계를 알렸다.

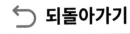

피그마를 활용하여 만든 사회과 디지털 학습자료 예시

캔버스 설정하기

사회과 디지털 학습자료 작성을 위해 먼저 피그마 화면 오른쪽 상단에 파란색으로 표시된 [+Design file]을 클릭합니다.

디자인 파일이 열리면 상단에 있는 캔버스의 [Untitled]를 더블클릭하여 [사회과 디지털 학습자료]로 수정합니다.

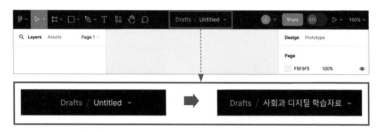

캔버스 이름 수정하기

프레임 생성하기

영어과 학습자료와 마찬가지로, A4 크기의 프레임을 사용해 디지털 학습자료를 만들어보겠습니다. 프레임 툴에서 [Paper → A4(595 *842)]를 선택합니다(본문 103쪽 참고).

다음으로 프레임 오른쪽 상단에 적힌 이름을 [사회과 디지털 학습자료_1]로 수정합니다.

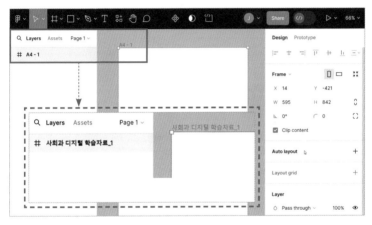

프레임 이름 수정하기: [A4-1] → [사회과 디지털 학습자료_1]

텍스트 작성하기

다음으로 단원을 적을 텍스트 레이어를 만들겠습니다. 화면 상단에 있는 툴바에서 텍스트 툴을 클릭합니다. 그리고 텍스트 레이어 안에 [삼국의 성립과 발전 과정]이라고 입력하고 텍스트 레이어의 크기를 [W595, H48]로 설정합니다.

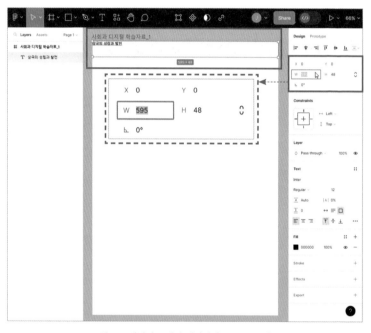

텍스트 레이어 크기 수정하기: [W595, H48]

디자인 패널의 'Text'에서 자신이 원하는 형태로 텍스트를 수정합니다.

(본 교재 예시) [글꼴 Inter / 굵기 Bold / 크기 20 / 가운데 정렬]

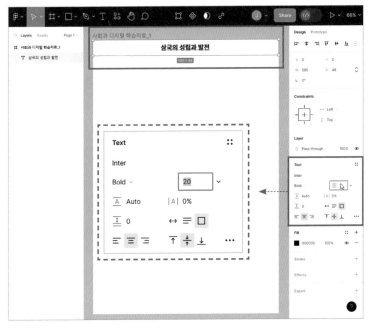

텍스트 수정하기: [글꼴 Inter / 굵기 Bold / 크기 20 / 가운데 정렬]

소제목을 적을 수 있는 텍스트 레이어를 복사합니다.

텍스트 레이어 복사하기: [Ctrl+c, Ctrl+v / Alt+Drag / Alt+Shift+Drag]

새로 생성된 텍스트 레이어의 내용을 수정한 다음 디자인 패널의 'Text'로 이동하여 원하는 형태의 글꼴로 수정합니다.

(본 교재 예시) [글꼴 Inter / 굵기 Semi Bald / 크기 14 / 가운데 정렬]

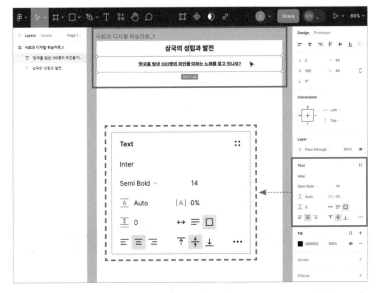

텍스트 수정하기: [글꼴 Inter / 굵기 Semi Bald / 크기 14 / 가운데 정렬]

이번 사회과 디지털 학습자료는 '웹'으로도 사용할 수 있도록 하이
퍼링크 기능을 사용해보겠습니다. 화면 상단 툴바의 [Create link] 기
능을 활용하여 학생들에게 소개하고 싶은 유튜브 동영상의 주소를 붙
여넣기하여 하이퍼링크를 연결합니다.

[Create link] 기능을 활용하여 유튜브 동영상 하이퍼링크 연결하기

피그마 플러그인 기능 활용하기 (1)
- [Video Thumbnail Image]

피그마에서 많이 사용되고 있는 여러 플러그인 중 대표적인 세 가지를 활용하여 학습자료를 만들어보겠습니다. 먼저 화면 상단에 있는 툴바의 도형 툴을 사용하여 학생들에게 소개할 유튜브 영상의 섬네일이 들어갈 사각형을 생성해 프레임에 넣습니다.

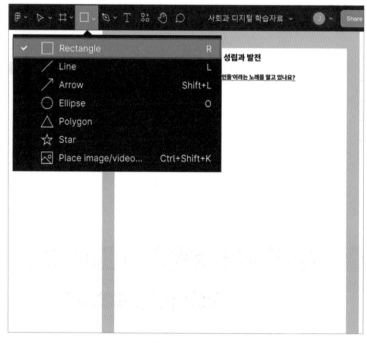

도형 툴에서 사각형 선택하기

사각형의 크기는 [W500, H278]로 설정합니다.

(본 교재 예시) 사각형의 크기 [W500, H278]

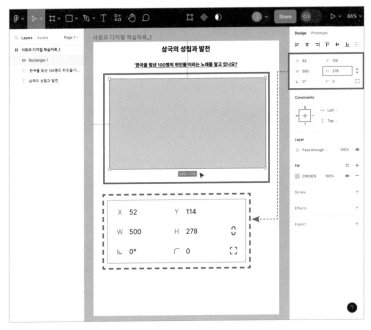

프레임에 사각형 생성하기: [W500, H278]

이제 피그마의 플러그인 기능을 사용해보겠습니다. 우선 화면 상단의 툴바에서 리소스 툴의 [Plugins]를 클릭하고 검색창에서 [Video Thumbnail Image]를 검색한 후 [run]을 눌러 활성화합니다.

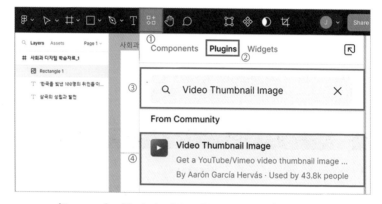

[Resources] → [Plugins] → [Video Thumbnail Image] 검색 → 실행

 피그마 플러그인 소개

 [Video Thumbnail Image]

학생들에게 보여주고 싶은 유튜브 동영상을 디지털 학습자료에 넣고 싶다면 피그마 플러그인 중에서 [Video Thumbnail Image]를 사용해보세요. 피그마에서 플러그인 [Video Thumbnail Image]를 실행시킨 후 학생들에게 보여주고 싶은 유튜브 영상의 URL을 복사해서 주소창에 넣어주면 해당 동영상의 섬네일을 그대로 가져와 도형에 넣어주는 플러그인입니다.

프레임 위에 그려두었던 사각형을 클릭하여 활성화한 뒤 주소창에 원하는 유튜브의 URL을 입력한 후 [Insert video cover]를 클릭합니다.

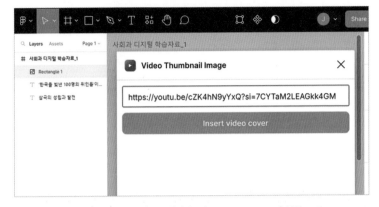

주소창에 유튜브 URL 입력하고 [Insert video cover] 클릭

이미지 로딩이 끝나면 사각형이 해당 유튜브 동영상의 섬네일로 채워집니다.

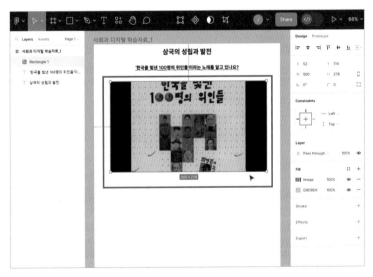

유튜브 동영상 섬네일 넣기 완료

피그마 플러그인 기능 활용하기 (2)
- [Iconify]

다음으로 피그마에서 다양한 아이콘을 쉽게 사용할 수 있는 아이콘 관련 플러그인을 사용해보겠습니다. 리소스 툴에서 [plugins]를 클릭하여 [Iconify]를 검색한 후 활성화해줍니다.

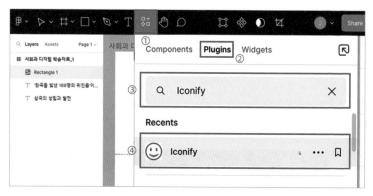

[Resources] → [Plugins] → [Iconify] 검색 → 실행

 피그마 플러그인 소개

 [Iconify]

쉽게 키워드만으로 원하는 아이콘 검색이 가능하며, 특히 아이콘 세트별로 분류가 되어 있어, 원하는 아이콘 스타일을 일관되게 적용할 수 있습니다. 무엇보다 무료로 매우 양질의 아이콘들을 검색할 수 있는 플러그인입니다.

사회과 디지털 학습자료에 손가락 모양의 아이콘을 넣어보겠습니다. [Iconify]가 활성화되면 [Iconify]의 검색창에 [pointing]이라고 입력한 후 [Search Icons]를 클릭합니다.

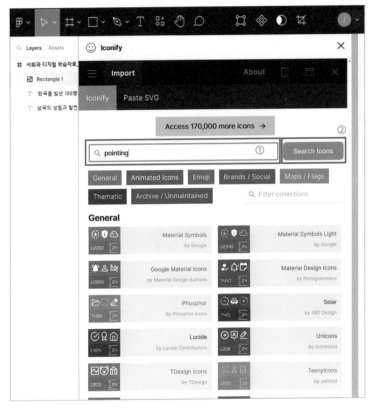

[Iconify] 검색창에 [pointing] 입력 후 [Search Icons] 클릭

화면에 나타난 여러 아이콘 중에서 사용하고 싶은 아이콘을 선택하고 화면 맨 아래 왼쪽에 있는 [Import Icon]을 클릭합니다.

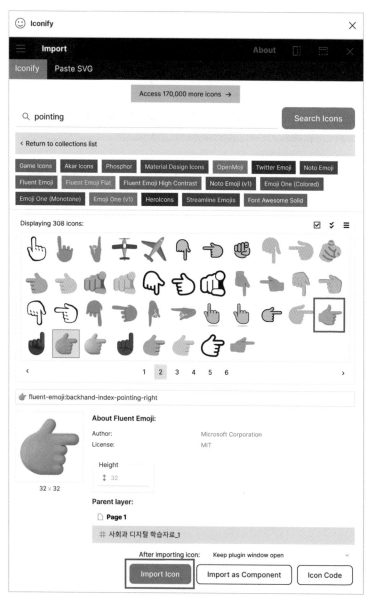

사용하고 싶은 아이콘을 선택한 후 [Import Icon] 클릭

프레임 위에 생성된 아이콘의 크기를 알맞게 조절한 후 원하는 곳에 배치합니다.

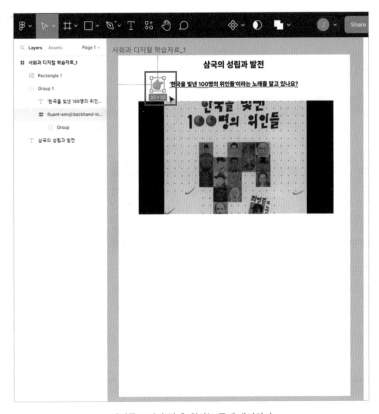

아이콘 크기 수정 후 원하는 곳에 배치하기

피그마 플러그인 기능 활용하기 (3)
- [Font Preview]

먼저 도형 툴과 텍스트 툴을 사용하여 다음과 같이 삼국시대의 나라별 섹션을 만듭니다.

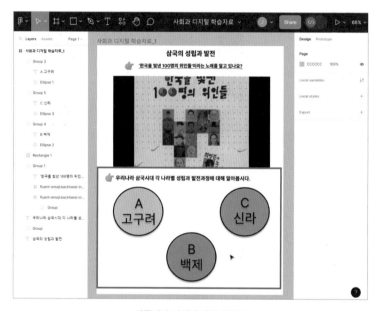

삼국시대 나라별 섹션 만들기

피그마의 기존 디자인 패널에서도 폰트를 바꿀 수 있지만, 영어만 미리보기가 적용되어 한글에 적용되는 폰트를 살펴보기에는 어려움이 있습니다. 이때 텍스트의 폰트를 미리보기할 수 있게 도움을 주는 플러그인 [Font Preview]를 활용하겠습니다.

먼저 플러그인 [Font Preview]를 실행합니다.

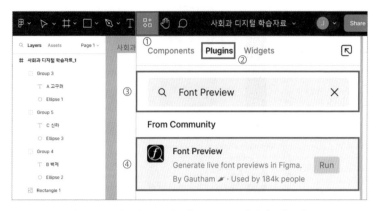

[Resources] → [Plugins] → [Font Preview] 검색 → [Run]

 피그마 플러그인 소개

 [Font Preview]

[Font Preview] 입력창에 디자인할 글자를 타이핑하면, 여러 가지 폰트가 적용된 모습을 미리 볼 수 있습니다. 피그마에서 일일이 다른 폰트로 적용해보는 것보다 [Font Preview] 목록에서 여러 가지 폰트가 적용된 미리보기를 확인하면 훨씬 편리합니다.

[Font Preview]를 실행하고 [Preview text]에 원하는 텍스트를 입력하면 [All Fonts]를 통해 다양한 형태의 폰트가 적용된 예시를 확인할 수 있습니다.

[Preview text]에 원하는 텍스트 입력 → [All Fonts]로 다양한 폰트 확인 가능

　폰트를 변경하고 싶은 텍스트를 선택한 후 [All Fonts] 탭에서 마음에 드는 폰트를 선택하여 클릭하면 해당 폰트로 수정됩니다.

　원하는 특정 폰트가 있다면 직접 찾아서 적용하는 것도 가능합니다. 본문 149쪽 아래 그림처럼, 먼저 [Font Preview]에서 [SEARCH] 탭으로 이동한 후 [Search font]에서 원하는 폰트를 검색합니다. 다음으로 수정하고 싶은 텍스트를 선택한 후 원하는 폰트를 클릭하여 수정합니다.

텍스트 선택 후 원하는 폰트로 수정하기

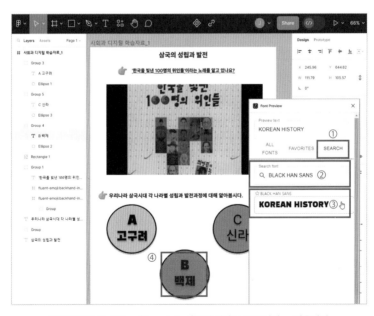

[SEARCH] 탭 선택 → [Search font]에서 원하는 글꼴 검색 → 적용하기

프로토타입 기능 사용하기

　다음으로 프로토타입 기능을 활용해보겠습니다. 먼저 〈사회과 디지털 학습자료_2〉라는 프레임을 하나 더 만듭니다.

〈사회과 디지털 학습자료_2〉 프레임 추가하기

　이제 삼국시대 중 고구려에 대한 학습 내용을 입력합니다. 이 책의 예시에서는 고구려의 전성기(광개토대왕/장수왕) 업적에 대해 서술하였습니다. 그리고 프레임의 가장 아래에는 첫 장으로 돌아갈 때 사용할 '되돌아가기 버튼'을 생성하였습니다.

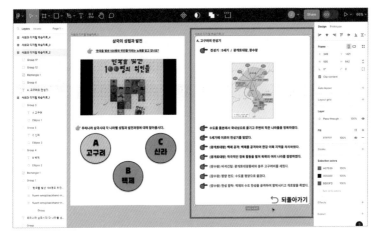

새 프레임 안에 학습 내용 채워 넣기

프레임을 두 개 추가하여 앞서 고구려를 설명했던 프레임과 같은 형식으로 백제와 신라에 대한 학습 내용을 입력합니다.

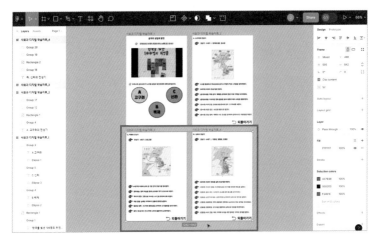

프레임 두 개 추가하고 학습 내용 입력하기

화면 상단 오른쪽 위 디자인 패널 옆에 있는 프로토타입 탭을 클릭하여 프로토타입 기능을 활성화합니다.

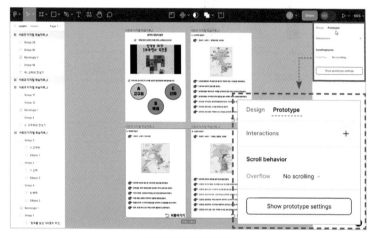

프로토타입 탭 선택하기

다음으로 〈사회과 디지털 학습자료_1〉을 선택하면 오른쪽 프로토타입 탭 아래로 프로토타이핑 옵션이 나타나는데 여기서 [Flow starting point]를 클릭합니다(본문 153쪽 위 그림 참고).

그러면 〈사회과 디지털 학습자료_1〉 프레임 왼쪽 위로 플로우의 시작점인 Flow 1 ▷ 플로우1 아이콘이 추가됩니다. 여기서 플로우1 아이콘 끝부분에 있는 [▷ 미리보기] 버튼을 클릭하면 프로토타이핑을 확인할 수 있는 프레젠테이션 모드를 실행할 수 있게 됩니다.

제2부. 피그마로 디지털 교과서 만들기

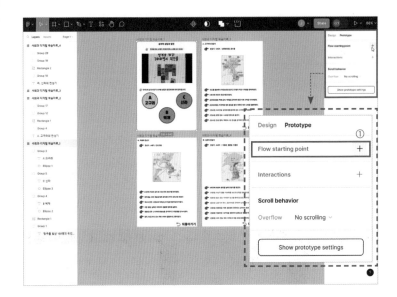

[Flow starting point] 클릭 → 플로우1 아이콘 추가하고 프로토타입 미리보기

TIP 프로토타입 [⊕] 버튼을 드래그해서 다음 프레임에 연결
해주어도 [Flow starting point]가 자동으로 생성됩니다.

이제 프로토타이핑을 연결해보겠습니다. 프로토타입 탭이 선택된
상태에서 캔버스 위의 프레임/도형/텍스트에 마우스 커서를 가져가면
대상 위에 [⊕]가 나타납니다.

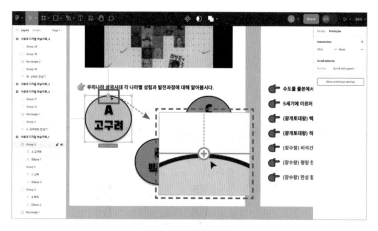

프로토타입 [⊕] 버튼

A-고구려 섹션 위에 나타난 [⊕] 버튼을 드래그하여 생성된 라인
을 〈사회과 디지털 학습자료_2〉에 연결합니다.

제2부. 피그마로 디지털 교과서 만들기

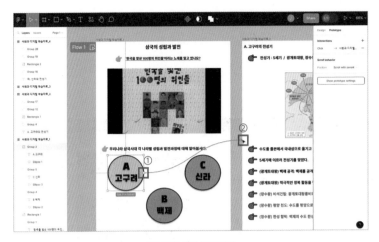

프로토타이핑 연결하기

연결하면 프로토타입의 'Interaction' 창이 활성화됩니다. 이 창에서 프로토타이핑의 다양한 옵션을 설정할 수 있습니다.

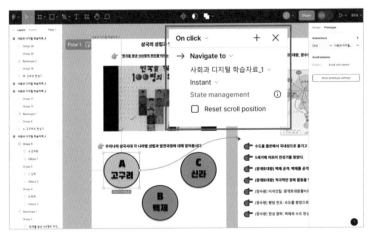

프로토타이핑 연결 후 'Interaction' 창 활성화하기

먼저 트리거를 설정하겠습니다. 'Interaction' 창에서 [On click]을 눌러보면 다양한 트리거를 설정할 수 있는 선택창이 나타납니다. 이 중에서 가장 기본적인 [On click]을 선택합니다.

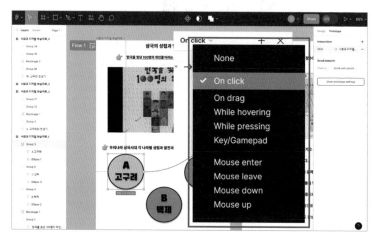

프로토타이핑 트리거 설정하기: [On click]

다음으로 워크를 설정합니다. 'Interaction' 창에서 [Navigate to]를 클릭하면 다양한 워크 선택창이 활성화됩니다. 이 중 버튼을 클릭했을 때 해당 프레임으로 이동하는 효과를 넣기 위해 [Navigate to]를 선택해줍니다.

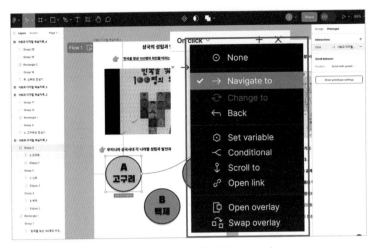

프로토타이핑 워크 설정하기: [Navigate to]

마지막으로 프레임의 화면전환 효과를 설정해보겠습니다. 'Interaction' 창에서 [Instant]를 클릭하면 다양한 애니메이션 효과를 선택할 수 있는데, 이 중 대상 프레임이 기존 프레임을 밀어내고 화면에 등장하는 옵션인 [Push]를 선택하겠습니다.

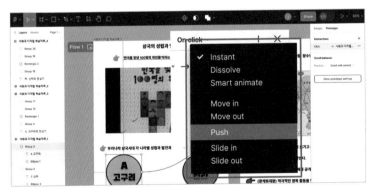

프로토타이핑 애니메이션 설정하기: [Push]

〈사회과 디지털 학습지_2〉를 모두 살펴본 후 다시 첫 번째 프레임으로 이동하는 프로토타이핑을 설정해보겠습니다. 프로토타입 탭을 선택한 상태에서 〈사회과 디지털 학습지_2〉 하단에 미리 만들어놓은 [되돌아가기] 버튼을 클릭하여 [⊕] 버튼을 활성화합니다.

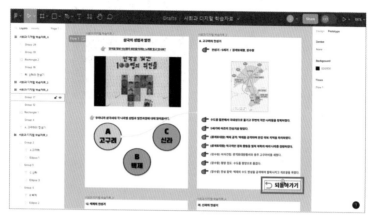

되돌아가기에서 [⊕] 버튼 활성화하기

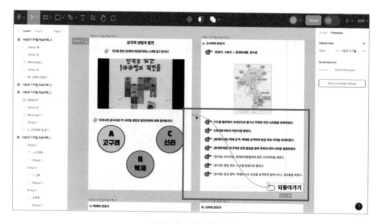

프로토타이핑 연결하기

되돌아가기 프레임 위의 [⊕] 버튼을 드래그하여 라인을 〈사회과 디지털 학습자료_1〉 프레임에 연결합니다.

이와 같은 방법으로 〈사회과 디지털 학습지_3〉, 〈사회과 디지털 학습지_4〉에 프로토타이핑을 연결합니다. 이제 프레젠테이션 모드에서 〈사회과 디지털 학습지_1〉 프레임의 [고구려] 원을 선택하면 고구려 학습지로 이동하고, [되돌아가기] 버튼을 누르면 기존 1번 학습지로 돌아가는 모습을 확인할 수 있습니다.

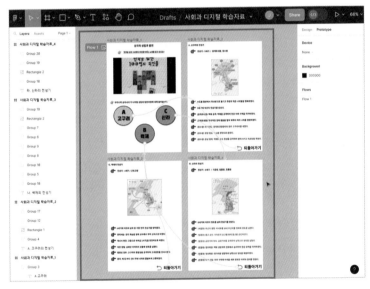

프로토타이핑 연결 완료하기

온라인 화이트보드,
피그잼

피그잼 인터페이스

피그잼(Figjam)은 확장성이 매우 좋은 온라인 화이트보드 협업 도구로 플로우차트, 브레인스토밍, 다이어그램 작성 등에 사용할 수 있습니다. 피그마 커뮤니티(Figma community)에서 제공하는 300개 이상의 다양한 템플릿을 활용하면 여러 내용과 아이디어를 쉽고 빠르게 디자인할 수 있습니다.

피그잼은 피그마에 비해서 아이콘과 템플릿이 직관적으로 보이므로 피그마보다 쉽게 사용할 수 있습니다. 먼저 새 피그잼 보드를 생성하고자 할 때에는 피그마 기본 화면 상단의 오른쪽에 위치한 [+Figjam board] 버튼을 누르면 피그잼 보드를 생성할 수 있습니다.

피그잼 생성하기

피그잼은 아래와 같이 크게 상단 메뉴 패널, 화이트보드, 하단 툴
바 메뉴의 세 부분으로 나눌 수 있습니다. 화이트보드 영역의 맨 우측
에 있는 스크롤을 이용해 화이트보드 부분을 확대/축소할 수 있습니
다. [− / +] 버튼을 누르거나 [Ctrl+마우스휠]로 변경 가능합니다.

피그잼 메뉴 한눈에 보기

피그잼 상단 메뉴 인터페이스

피그잼 상단 메뉴 패널의 구성은 피그마와 비슷합니다. 가운데 'Drafts /Untiltled' 부분은 편집하고 있는 피그잼 파일명을 나타내며 마우스 클릭으로 이름을 변경할 수 있습니다. 그 외 나머지 인터페이스에 대한 설명은 다음과 같습니다.

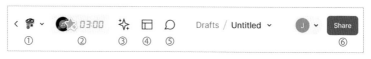

피그잼 상단 메뉴 패널

① **Main menu:** 피그잼 주 메뉴인 파일, 편집, 정렬 등의 작업을 할 수 있습니다.

② **Timer, Music and Voting:** 타이머, 음악 재생, 투표 기능을 제공합니다.

③ **Generate:** 피그잼 AI를 활용하여 맞춤형 템플릿을 만들 수 있습니다.

④ **Templates:** 피그잼의 템플릿을 가져올 수 있습니다.

⑤ **Add comment:** 피그잼에서 댓글을 달 수 있습니다.

⑥ **Share:** 동료를 초대하거나 피그잼 파일을 공유할 수 있습니다.

상단 메뉴 패널의 버튼 중 ② 타이머 버튼을 누르면 다음과 같이 타이머 화면, 음악 선택 부분이 제시됩니다. 수업 활동 중에 이를 활용하여 잔여 시간을 안내할 수 있고 활동 중 적절한 활동 배경

타이머 버튼 하단의 음악 선택 기능과 음악 재생

음악도 제공할 수 있습니다. 또한 여러 명이 접속하면 타이머 버튼을 눌렀을 때 최하단에 투표 기능(voting)이 활성화되어 피그잼 회의나 수업할 때 구성원의 의견을 투표로 표시할 수 있습니다.

상단 메뉴 패널의 버튼 중 ④ ⊞ 템플릿 버튼을 누르면 164쪽 위 그림과 같이 피그잼의 다양한 템플릿을 선택할 수 있는 팝업창이 뜹니다. 이 팝업창에서는 작업에 활용할 수 있는 다양한 템플릿이 제공되므로 회의나 수업의 성격에 맞게 템플릿을 선택할 수 있습니다.

상단 메뉴 패널의 버튼 중 ⑤ ◯ 코멘트 버튼을 누르면 164쪽 아래 그림과 같이 의견을 더할 수 있습니다. 협업 작업을 하면서 수정이 필요한 부분 등에 코멘트 버튼으로 의견을 더하면 원본의 내용은 손상되지 않으면서 적절한 위치에 의견을 제시할 수 있습니다.

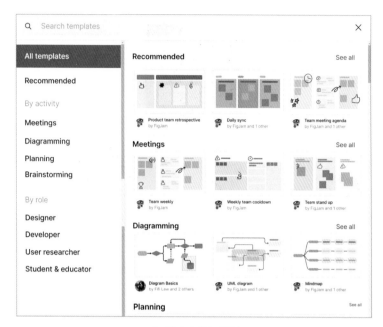

피그잼의 다양한 템플릿

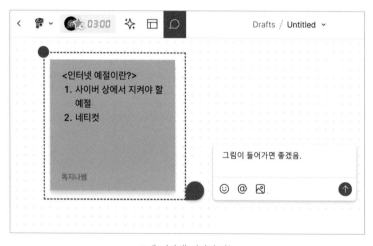

코멘트(의견) 더하기 기능

피그잼 하단 툴바 인터페이스

피그잼의 하단 툴바는 피그잼의 핵심 기능입니다. 피그잼에서는 툴바를 활용하여 개체를 선택하고, 마커로 그림을 그리거나 텍스트를 넣을 수 있습니다. 툴바의 아이콘을 클릭하여 기능을 사용할 수 있지만, 보다 편리한 사용을 위해서는 툴바의 단축키를 활용할 수 있습니다. 예를 들어 판서를 하고자 할 때는 단축키 [M] 버튼을 클릭하거나 툴바에 있는 마커 그림( )을 선택합니다. 다음은 툴바의 세부 구성에 대한 설명과 단축키입니다.

피그잼 툴바의 구성

① **선택툴(V)**: 개체를 선택하거나 개체의 크기를 조정할 때 사용합니다.

② **핸드툴(H)**: 화면을 이동할 때 사용합니다. [스페이스바]를 눌러 사용할 수도 있습니다.

③ **마커(M)**: 보드에 글을 쓸 수 있게 해주는 펜(마커) 툴입니다.

④ **스티키노트(S)**: 보드에 간단한 메모를 작성할 때 사용하는 스티키노트 툴입니다.

⑤ **도형(O)**: 보드에 도형을 그릴 수 있게 해주는 툴입니다.

⑥ **텍스트(T)**: 보드에 텍스트를 넣는 상자를 생성하는 툴입니다.

⑦ **섹션(Shift+S):** 피그잼은 확장성이 좋아 많은 내용을 담을 수 있지만 보드의 내용을 구역별로 분리해야 할 경우에는 섹션 기능을 활용하여 내용을 묶어 정리할 수 있습니다.

⑧ **표(Shift+T):** 보드에 표를 생성할 수 있는 툴입니다.

⑨ **도장(E):** 보드에 개인의 의견을 아이콘 형태로 피드백할 때 사용하는 도장입니다. (보드에 제시된 내용에 도장을 찍어서 의견을 모을 수 있으며, 여러 명이 접속하여 투표 기능이 활성화되면 도장 개수가 자동으로 집계됩니다.)

⑩ **더 보기:** 스티커, 템플릿, 위젯, 플러그인 등의 기능을 활용할 수 있는 툴입니다.

마커 툴을 클릭하면 추가 마커 화면이 나타납니다. 기능은 다음과 같습니다.

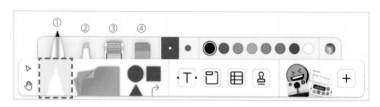

피그잼의 추가 마커 화면

① **마커(M):** 기본적인 펜 기능입니다. 마커의 크기는 툴바 중간의 '크기' 부분에서 바꿀 수 있으며 얇은 것과 두꺼운 것으로 구성할 수 있습니다. 마커의 색은 툴바 우측의 '검정~하양'까지 변화시킬 수 있으

며, 그 외의 색을 팔레트에서 선택해 사용할 수 있습니다.

② **형광펜(Shift+M)**: 형광펜 기능입니다. 마커보다 두꺼우며 불투명도가 낮아 글씨 위에 덮어씌우듯 쓰면 형광펜처럼 강조하는 표시를 적용할 수 있습니다. 마커처럼 크기 및 색 조절이 가능합니다.

③ **마킹테이프(W)**: 피그잼의 독특한 기능 중 하나입니다. 마치 공책에 테이프를 붙이는 것처럼 표현할 수 있습니다. 마킹테이프를 선택하면 색 부분이 패턴을 선택하는 것으로 바뀝니다. 맨 우측의 [+] 버튼을 눌러 직접 패턴을 업로드해 적용할 수도 있습니다. 불투명도가 높아 기본으로 아래 개체를 덮어씌우며, 레이어 기능을 적용해 위아래 이동이 가능합니다.

④ **지우개(Shift+백스페이스)**: 마커로 그은 모든 것을 지울 수 있습니다. 마커 외의 개체들을 지울 수는 없습니다. (도형 등은 선택툴로 선택한 후, [Del] 키를 눌러 삭제해야 합니다.)

도형 툴을 클릭하면 추가 도형 화면이 나타납니다. 기능은 다음과 같습니다.

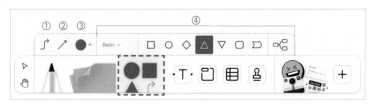

피그잼의 추가 도형 화면

① **연결선(Connector)**: 도형과 도형을 이어주는 연결선을 추가할 수 있습니다. 도형 개체가 화이트보드에 있을 때 이 기능을 실행한 후, 마우스를 도형 근처로 가져가면 도형의 일부 영역에 딱 맞춰서 그을 수 있도록 가이드 점이 표시됩니다. 단축키는 따로 없습니다.

② **직선(Straight line)**: 도형과 도형을 일직선으로 이어주는 직선을 추가할 수 있습니다. 도형 개체가 화이트보드에 있을 때 이 기능을 실행한 후, 마우스를 도형 근처로 가져가면 도형의 중앙에 가이드 점이 표시되며 그 부분부터 직선을 그을 수 있습니다. 단축키는 따로 없습니다.

③ **도형색(Color)**: 도형의 색을 선택할 수 있는 기능입니다.

④ **도형의 모양**: 도형의 분류에 따라 도형의 모양을 고를 수 있는 기능입니다. 'Basic(기본 도형)' 글자 부분을 클릭하면 'Flowchart(플로우차트 도형)'나 'Misc(기타 도형)'으로 도형 목록을 바꿔볼 수 있습니다.

　제2부. 피그마로 디지털 교과서 만들기

피그잼, 교실에서 활용하기

피그잼은 교실 수업에서 더 빛나는 온라인 교육도구입니다. 피그잼에서는 교과서나 학습지의 PDF나 이미지를 화이트보드로 불러와서 온라인 학습 환경을 만들 수 있습니다. 또한 피그잼 화면을 TV나 전자칠판으로 보여주면 다양한 필기와 해당 수업에 적절한 템플릿으로 흥미롭고 집중력이 높아지는 수업을 진행할 수 있습니다. 특히 판서한 내용이 자동으로 저장되는 점과 툴바의 마커, 하이라이트 기능, 플러그인 등을 활용하면 어떤 과목이라도 손쉽게 디지털화하여 수업에 활용할 수 있습니다.

피그잼으로 디지털 교과서 만들기

교과서 PDF 파일을 피그잼의 화이트보드 영역에 삽입할 수 있습니다. 메인 메뉴에서 [File – Import]를 선택하여 열거나, PDF 파일을 화이트보드에 직접 드래그 앤 드롭하여 놓으면 PDF 파일 본문 전체가 화이트보드에 각각의 이미지로 삽입되는 모습을 볼 수 있습니다(단, 최대 50메가바이트 용량 준수). 수십 장이 넘는 PDF도 쉽게 변환할 수 있어 교과서뿐만 아니라 수업자료, 회의자료 등의 온라인 협업에도 사용할 수 있습니다.

이처럼 PDF를 피그잼에 불러오게 되면 디지털 교과서 위에 자유로운 필기가 가능합니다. 또한 필기하는 모습을 아이들과 함께 공유하며 수업할 수 있어 매우 효과적인 수업 방법입니다.

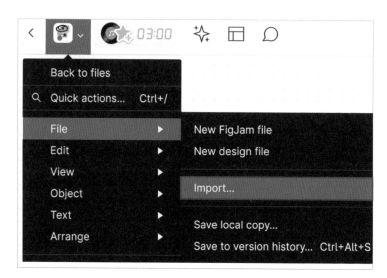

교과서 PDF 파일을 한꺼번에 피그잼으로 불러오기

교과서 PDF가 피그잼에 삽입된 모습

제2부. 피그마로 디지털 교과서 만들기

무엇보다 편리한 점은 피그잼 화이트보드 속 교과서에서 필기한 내용은 모두 초 단위로 자동 저장되어 이후에도 필기 내용을 살펴보며 복습할 수 있다는 것입니다. 뿐만 아니라 피그잼 보드에서 [ctrl] 키를 누른 채 마우스를 스크롤하면 배율을 확대하거나 축소할 수 있습니다. 이때 배율을 축소하면 피그잼의 놀라운 확장성 덕분에 디지털 교과서 전체의 흐름을 한눈에 확인할 수 있어 단원 전체의 큰 그림을 그려볼 수 있습니다.

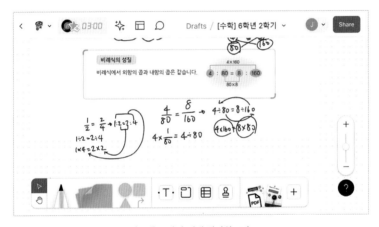

피그잼 교과서 위에 필기한 모습

이렇게 피그잼을 필기에 활용하는 방법은 전자칠판 교구와 궁합이 매우 좋습니다. 전자칠판의 터치스크린을 활용하면 교과서를 그대로 큰 화면에 띄워놓고, 동시에 인터넷도 활용할 수 있기 때문입니다. 만약 전자칠판이 없다면, 컴퓨터에 드로잉 태블릿을 연결해도 비슷한 효과를 볼 수 있습니다.

피그잼에 영상자료 첨부하기

교과 수업을 더욱 원활히 진행하기 위해 피그잼에서 영상자료도 바로 첨부가 가능합니다. 영상자료 첨부 방법은 크게 비디오 원본을 그대로 불러오는 방법과 동영상 URL을 사용하는 방법이 있습니다.

먼저, 피그잼에 영상 원본을 그대로 불러오는(Import) 방법입니다. 〔단, 이 방법은 교육용(Education) 계정 확인이 된 프로젝트팀에서만 가능합니다.〕 피그잼의 좌측 상단 메뉴에서 [File - Import]를 클릭한 후 새로 뜬 파일창에서 동영상 원본을 찾아 [열기] 버튼을 누릅니다. 앞에서 배웠듯 피그잼 화이트보드에 PDF 파일을 삽입할 때와 동일합니다.

다음은 동영상 URL을 첨부하는 방법입니다. 가져오고 싶은 영상 주소(URL)를 복사한 후, 피그잼 화이트보드 영역에 붙여넣기만 하면 됩니다. 피그마에서는 영상을 가져오기 위해 텍스트를 삽입한 후 그 위에 하이퍼링크를 다는 식이었지만, 피그잼은 보다 간편하게 URL을 복사하여 '붙여넣기(Shift+v)'를 하면 됩니다.

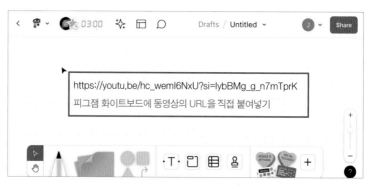

피그잼에 동영상 삽입하기

동영상이 삽입된 피그잼 화면은 다음과 같습니다.

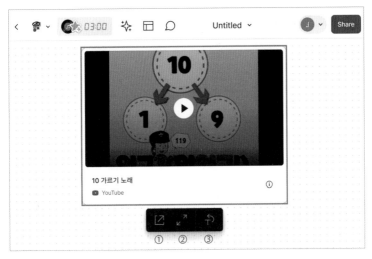

피그잼에 동영상 URL을 첨부한 모습

① **Open link**: 클릭 시 원본 영상 링크와 연결됩니다.

② **Maximize**: 영상 화면이 커지면서 피그잼 화면에서 재생됩니다.

③ **Change back to text**: 클릭 시 동영상 섬네일(미리보기 화면)이 사라지고 URL 주소 문자로 변환됩니다.

피그잼의 다양한 템플릿 소개

템플릿(template)의 사전적 의미는 특정한 모양을 만들기 위해 만들어진 틀입니다. 여기서 파생된 의미로 특정한 서식 구조를 만들어놓은

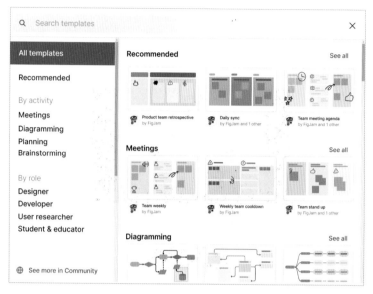

피그잼의 템플릿 카테고리

양식이란 의미가 있습니다. 피그잼에서는 Diagram Basics(기본 다이어 그램), Daily sync(일 동기화), Team meeting agenda(팀 회의 안건), User persona, Empathy map(사용자 공감 맵), Business model canvas(비즈 니스 모델 캔버스), Ice breakers(아이스 브레이커스), Customer journey map(여정 지도) 등 다양한 템플릿이 제공됩니다. 카테고리별로 다양한 템플릿을 잘 이용하면 교육에서 쉽고 편리하게 온라인 화이트보드인 피그잼을 활용할 수 있습니다.

수업 중 활용 가능한 템플릿으로 추천하고 싶은 유용한 템플릿은 에세이 플래닝 템플릿과 심플 버블 맵입니다.

　　　　　　　　　　　　　제2부. 피그마로 디지털 교과서 만들기

에세이 플래닝 템플릿

에세이 플래닝 템플릿(Essay Planning Templates)은 이름 그대로 번역하면 보고서나 계획서 서식 정도가 되겠습니다. 앞서 '피그잼 인터페이스'에서 알아본 바와 같이 상단 버튼 중 타이머 우측에 있는 표 모양의 버튼을 누르면 각종 템플릿을 피그잼 보드에 불러올 수 있습니다.

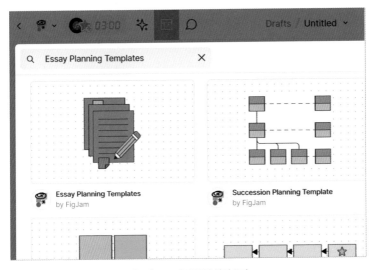

피그잼 보드에 템플릿 불러오기

에세이 플래닝 템플릿은 보고서 도입 부분을 쓰는 'Introduction(서론)' 부분과 주제문과 근거를 쓰는 'Body paragraph(본문)' 부분, 그리고 결론을 쓰는 'Conclusion(결론)' 부분으로 구성되어 있습니다.

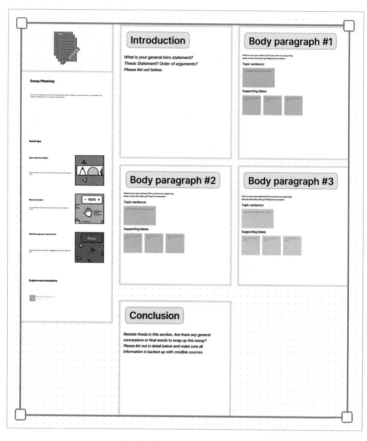

피그잼 에세이 플래닝 템플릿의 구성

피그잼 템플릿에는 위와 같이 해당 부분에 어떤 내용을 적으면 되는지 안내되어 있습니다. 이를 참고하여 교육에 활용할 수 있습니다.

에세이 플래닝 템플릿을 국어 수업에 실제로 활용한 사례는 다음과 같습니다.

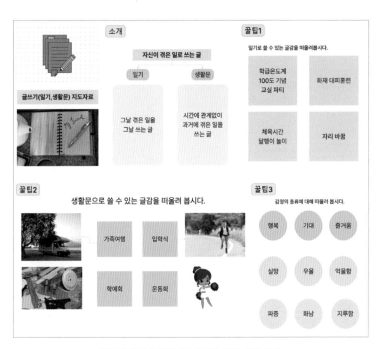

에세이 플래닝 템플릿을 활용한 국어 수업 사례

에세이 플래닝 템플릿을 활용하여 내 수업에 맞는 내용으로 수정, 변형하고 내용을 채워 활용하였습니다. 각 섹션에는 국어과 글쓰기 수업에서 사용되는 글감, 지도 자료 등을 한눈에 보기 쉽게 섹션별로 정리하여 수업에 활용할 수 있게 하였습니다. 피그잼의 확장성을 활용하여 글쓰기 지도에 필요한 자료를 계속해서 추가해나간다면, 피그잼 보드 하나가 그 자체로 훌륭한 포트폴리오가 되는 셈입니다.

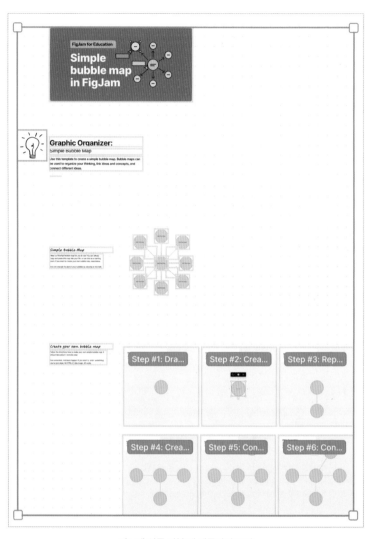

피그잼 심플 버블 맵 템플릿의 구성

제2부. 피그마로 디지털 교과서 만들기

심플 버블 맵

심플 버블 맵(Simple bubble map)은 앞서 에세이 플래닝 템플릿을
검색하여 적용할 때와 마찬가지로 피그잼 상단 메뉴에서 템플릿 버튼
을 눌러 'bubble'이라고 검색하면 찾아서 적용할 수 있습니다.

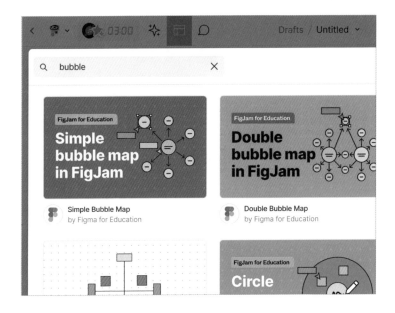

심플 버블 맵의 구성은 본문 178쪽의 그림과 같습니다. 심플 버블
맵의 하단에는 도형을 그리는 법과 화살표 플로우로 연결하는 법이 자
세히 안내되어 있습니다.

심플 버블 맵 템플릿을 국어 수업에 실제로 활용한 사례는 본문
180쪽 그림과 같습니다. 각 도형에 주제어나 주요 단어를 넣고 브레인
스토밍의 방법처럼 내용을 정리하였습니다. 이 방법으로 매 단원을 정

리하거나 수업 내용을 정리할 수 있으며, 각 도형 사이에 연결선을 넣으면 내용의 흐름이나 내용 간 관계를 이해하는 데 도움이 될 수 있습니다.

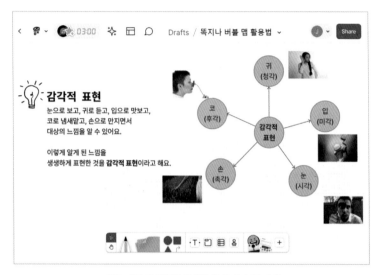

심플 버블 맵 템플릿을 활용한 국어 수업 사례

수업에 피그잼을 활용했을 때 가장 큰 장점은 수많은 자료도 한눈에 찾기 쉬우며 화이트보드 공간이 무한대로 확장되므로 개수의 제약 없이 자료를 집약하여 모아둘 수 있다는 것입니다. 정보의 홍수 속에서 선생님만의 정보를 모아서 언제든지 꺼내볼 수 있는 수업자료집의 역할로서도 피그잼을 적극 추천합니다.

피그잼의 AI로 더 쉽고 편리하게!

피그잼의 AI는 협업 단계의 새로운 솔루션을 제공합니다. 기존의 피그잼은 브레인스토밍 템플릿을 만들고자 할 때, 직접 템플릿 메뉴에 들어가서 원하는 주제에 맞는 템플릿을 골라야 했습니다. 하지만 피그잼 AI 기능을 활용하면 빈 페이지에서 맞춤형 템플릿을 간단한 텍스트로 설계할 수 있습니다. 피그잼 AI의 사용 방법은 매우 간단합니다. 본문 182쪽 그림을 보며 기능을 설명하겠습니다.

피그잼 AI가 브레인스토밍 템플릿을 생성한 모습

① **AI 아이콘**: 피그잼 빈 페이지를 생성한 뒤, 상단 별 모양의 아이콘을 클릭합니다.

② **프롬프트 박스**: 프롬프트를 활용해 템플릿을 생성하고자 한다면

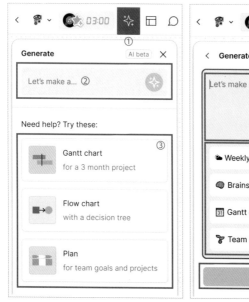 

피그잼 AI 인터페이스　　　　　　피그잼 AI 프롬프트 화면

[Let's make a...] 부분을 클릭합니다. 그러면 ④번 항목으로 이어집니다.

③ **추천 템플릿**: 프롬프트 없이 바로 템플릿 생성을 하고 싶다면 추천 템플릿을 사용할 수 있습니다. 추천 템플릿은 기존 페이지에 적혀 있는 정보에 따라 자동으로 생성됩니다.

④ **프롬프트 박스(확대)**: 프롬프트를 적을 수 있는 박스입니다. 자신이 만들고 싶은 템플릿의 모양이나 내용을 자세히 설명하면 됩니다. 한글로도 프롬프트를 적을 수 있습니다.

⑤ **추천 태그**: 프롬프트에 적을 수 있는 추천 태그를 모아놓은 곳입니다. 프롬프트를 적을 때 태그를 클릭하면 그 태그에 적절한 템플

릿이 생성됩니다.

⑥ **생성 버튼**: 프롬프트를 다 작성했다면 아래 [Generate]를 눌러 템플릿을 생성하면 됩니다.

다음은 피그잼 AI를 실제 수업이나 협업에서 사용하는 예시입니다.

프롬프트에 "초등학교 6학년 학생들이 '뉴스 만들기' 수업을 할 때, 어떤 주제를 고를지 스스로 브레인스토밍할 수 있는 여섯 개의 공간과 토의해볼 수 있는 공간을 생성해주고, 그 옆에 뉴스 스토리보드 라인을 짤 수 있도록 도형으로 만들어진 Flow line을 넣은 템플릿을 생성해줘. 한글로 번역까지 해주면 좋겠어"라고 적었습니다. 이후 대략 10초 만에 프롬프트에 적힌 명령대로 맞춤형 템플릿이 생성된 것을 확인할 수 있었습니다.

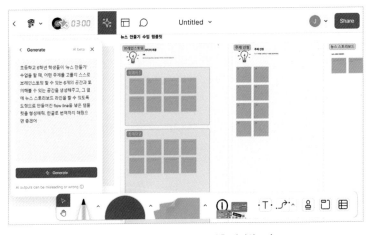

피그잼 AI가 뉴스 만들기 템플릿을 생성한 모습

이번에는 수학 과목에서 쓸 수 있도록 연습문제 푸는 템플릿을 생성해달라고 간단히 요청하였습니다. 이에 AI는 '문제 해결 전략', '연습문제', '문제 해결 과정' 등의 틀을 제시하였습니다. 이 틀은 학생들에게 URL 형식으로 바로 제공하여 수업 시간에 쓸 수 있을 정도의 퀄리티를 보여주었습니다.

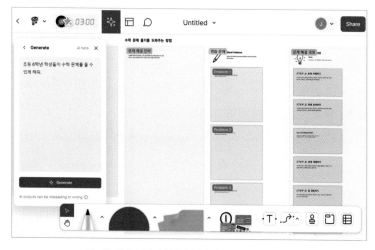

피그잼 AI가 수학 연습문제 풀기 템플릿을 생성한 모습

교육 현장의 AI 도입이 필수불가결한 시대에서 피그잼이라는 강력한 확장형 화이트보드와 AI의 만남은 교육에 있어서도 매우 유용한 도구가 될 것입니다.

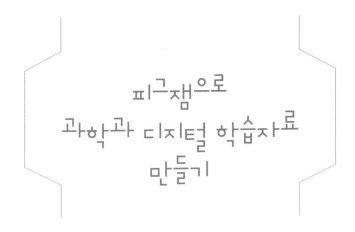

이번 장에서는 피그잼의 기본 템플릿 'Figjam as a Lab Companion'
을 활용하여 과학과 디지털 학습자료를 만들어보겠습니다.

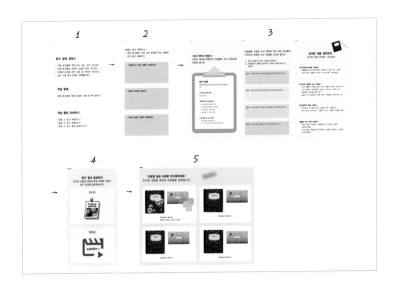

피그잼 템플릿 선택하기, 설정하기

과학과 학습자료 작성을 위해 먼저 피그마에 접속한 후 오른쪽 상단에 있는 [+Figjam board]를 클릭합니다.

피그잼 보드가 열리면 캔버스 하단에 있는 [+]로 들어가서 템플릿으로 이동합니다.

피그잼 보드 열기

피그잼 템플릿 검색창에서 [Figjam as a Lab Companion]을 입력하고 실행합니다.

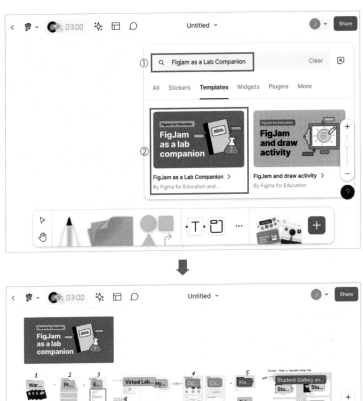

피그잼 템플릿에서 [Figjam as a Lab Companion] 실행하기

과학과 학습자료로 변환하기

　이제 [Figjam as a Lab Companion] 탐구 학습 모형을 바탕으로 5학년 과학과 학습자료의 내용을 입력해가며 하나하나 수정하면 됩니다. 본문 188~192쪽 그림들은 세부 학습 모형의 수정 사례입니다.

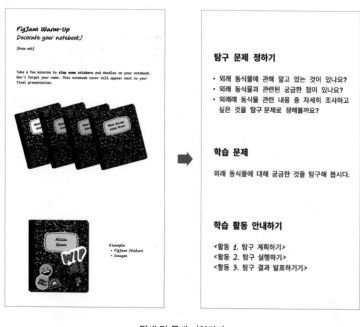

탐색 및 문제 파악하기

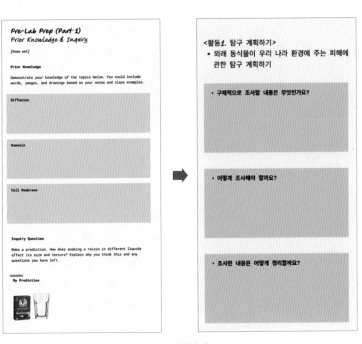

탐구 계획하기

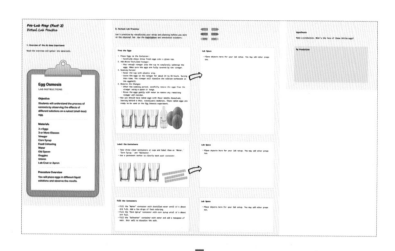

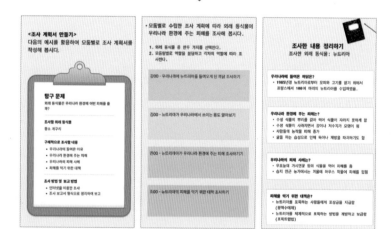

조사 계획서 만들기 및 조사한 내용 정리하기

제2부. 피그마로 디지털 교과서 만들기

탐구 결과 발표하기

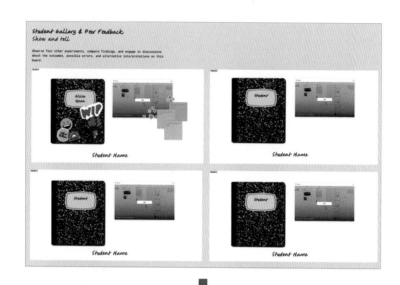

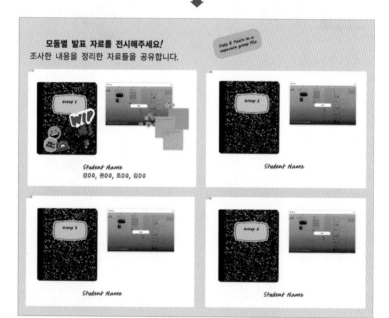

모둠별 발표 내용 전시 및 상호 평가하기

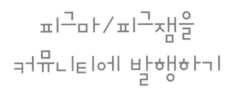

피그마/피그잼을
커뮤니티에 발행하기

피그마는 팀원을 초대하거나 팀 프로젝트를 생성하는 등의 협업
활동에서 타 프로그램과 비슷한 면을 보입니다. 하지만 피그마의 협업
이 보다 돋보이는 이유는 스스로 만든 피그마 파일을 전 세계에 공유
하는 '피그마 커뮤니티(Figma Community)'가 있기 때문입니다. 피그마
커뮤니티는 자기 스스로 또는 팀원과 함께 만든 피그마/피그잼 파일
을 발행(퍼블리싱, Publishing)하는 곳입니다. 또한 다른 사람들이 만든
피그마 파일이나 피그잼 템플릿을 자신의 것으로 가져와 활용할 수 있
습니다. 대부분 무료로 발행하는 경우가 많으며 종종 퀄리티 있는 파
일은 가격을 붙여 판매까지 할 수 있습니다.

피그마 커뮤니티에 자신이 만든 피그마 파일을 공유함으로써 학습
자료 크리에이터로서 활동할 수 있습니다. SNS와 마찬가지로 팔로워
를 얻을 수 있으며 타인과의 협업을 통해 더 나은 피그마 프로젝트를

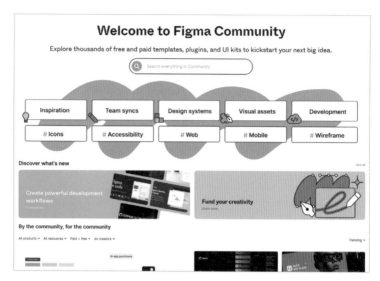

피그마 커뮤니티 화면

[Share] - [Publish to Community] 탭의 모습

제2부. 피그마로 디지털 교과서 만들기

완성해나갈 수 있습니다. 다음 내용을 참고하여 피그마 파일을 적극적으로 발행해보겠습니다.

내가 만든 피그마 파일을 발행해보기

내가 만든 피그마 파일을 발행하려면 해당 파일을 연 상태에서 우측 상단의 [Share] 버튼을 클릭합니다. (피그잼 파일의 경우도 해당 피그잼 파일을 연 상태에서 우측 상단의 [Share] 버튼을 클릭하면 됩니다.) 그 후 [Publish to Community]를 클릭해 'Publish' 상태창이 나오면(본문 194쪽 아래 그림) [Publish] 버튼을 눌러서 'Publish file' 창(본문 196쪽 그림)으로 이동합니다.

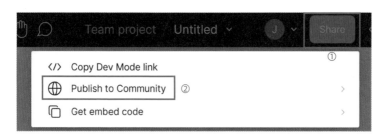

[Share] - [Publish to Community] 클릭해 'Publish file' 창으로 이동하기

'Publish file' 창이 뜨면, 내가 발행할 파일에 대한 정보를 적어야 합니다. 그리고 창 하단의 [Publish] 버튼을 눌러 피그마 파일을 발행할 수 있습니다. 'Publish file' 창의 요소를 차례로 살펴보겠습니다.

'Publish file' 창 세부 내용 작성하기

제2부. 피그마로 디지털 교과서 만들기

① **Upload custom thumbnail(섬네일)**: 발행할 파일의 섬네일을 넣는 화면입니다. 가로 1920, 세로 1080 사이즈로 구성한 파일을 준비해 업로드하면 됩니다. 만약 따로 넣을 섬네일이 없다면, 전체 캔버스가 작은 크기로 줄여져 자동 업로드됩니다.

② **Name(이름)**: 반드시 적어야 하는 파일 이름입니다. 자동으로 발행할 파일의 이름이 적히며, 수정할 수 있습니다.

③ **Category(카테고리, 범주)**: 반드시 선택해야 하는 카테고리 분류입니다. Design templates(디자인 템플릿), Design tools(디자인 툴), Education(교육), Icons(아이콘), Librares(라이브러리) 등의 분류가 있습니다. 발행할 파일이 교육용이라면 교육(Education)을 선택합니다.

④ **Description(세부 내용)**: 발행할 파일의 세부 내용을 적어두는 곳입니다. 피그마 파일의 핵심 내용을 간단히 적도록 합니다. 선택사항이므로 안 적어도 발행할 수 있습니다.

⑤ **Tags(태그)**: 발행할 파일이 어떤 분류로 들어갈지 '태그'를 적어두는 곳입니다. 커뮤니티에서 타인이 필요한 파일을 찾을 때 태그를 통해 검색 결과를 보여줍니다. 크리에이터로서 활동할 생각이 있다면 인기가 있는 태그를 달아두는 것면 좋습니다. 교육자료라면 'education', 'edumaterial' 정도의 태그를 달아두면 좋습니다.

⑥ **Preview as(미리보기 화면)**: 발행할 파일의 미리보기 화면으로 캔버스 파일의 전체 모습을 보여줄지, 프로토타입의 형태로 보여줄지를 결정하는 곳입니다. 편의에 따라 선택하면 됩니다.

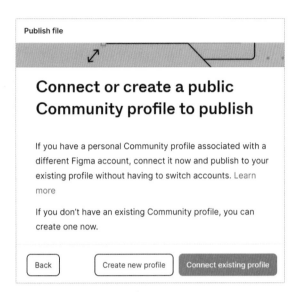

최초 발행일 경우 프로파일 생성 권유 화면

발행 계정이 있을 경우 보이는 발행 성공 화면

필수적인 'Name'과 'Category' 부분을 적었다면, 우측 하단의 [Pub-lish] 버튼을 눌러 즉시 발행이 가능합니다. 잠깐의 업로드 로딩이 끝 난 후, 최초로 발행한다면 본문 198쪽 위 그림처럼 커뮤니티에서 사용 할 프로파일을 생성해야 한다는 메시지가 뜹니다. 하단에 있는 [Create new profile]을 클릭해서 프로파일을 생성해주면 됩니다.

만약 최초가 아니라면 본문 198쪽의 아래 그림처럼 'Congratula-tions!'이라는 성공 문구가 보이게 됩니다. 하단에 있는 [Done]을 누르 면 피그마 화면으로 돌아가고, [View page]를 누르면 발행한 페이지로 이동합니다.

피그마 커뮤니티 프로파일 생성하기

피그마 커뮤니티에 파일을 발행하기 위해서는 최초 발행 시 프로파일을 생성해야 합니다. 최초 발행 시 나오는 메시지에서 [Create new profile]을 클릭하면 생성 화면으로 이동할 수 있습니다.

프로파일 생성 화면에서 할 일은 매우 간단합니다. 'figma.com/@(프로파일명)'이라고 적힌 부분에다가 남들과 중복되지 않는 프로파일명을 적고 하단의 [Save]를 클릭하면 완료입니다.

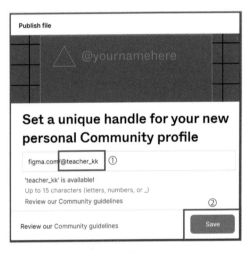

프로파일 생성 화면

'figma.com/@(프로파일명)'은 그 자체로 URL로 작용합니다. 프로파일명을 저장한 뒤 주소창에 그대로 쓰면 프로파일 화면으로 이동합니다. 프로파일 화면에 대한 설명은 다음과 같습니다.

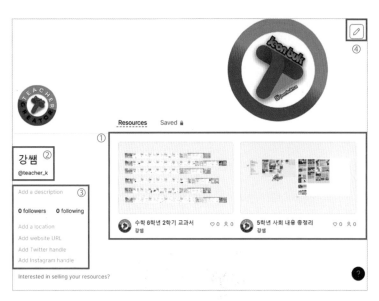

생성된 프로파일 화면

① **발행 파일 모음**: 파일을 발행할 때마다 리소스 화면에 쌓이게 됩니다.

② **프로파일 아이디**: 자신의 아이디와 프로파일 아이디를 표시합니다. 향후 설정에서 변경할 수 있습니다.

③ **Add~**: 자신의 SNS 계정 등을 추가해 홍보할 수 있는 구간입니다.

④ **채널아트**: 우측 상단의 연필 아이콘을 누르면 프로파일 채널아트를 수정할 수 있습니다.

발행된 내 피그마 파일 확인하기

발행을 완료하면 다음 그림처럼 커뮤니티에 피그마 파일이 업로드된 것을 확인할 수 있습니다. 이제 발행된 파일을 파일명이나 태그 등을 통해 전 세계에서 찾을 수 있습니다. 차후 발행된 파일을 다시 찾아보고 싶다면, 피그마 기본 화면에서 좌측 상단의 [아이디] 버튼을 클릭 후 [Community profile]을 클릭해 확인하면 됩니다.

프로파일 보는 방법

발행된 내가 만든 피그마 파일의 모습

피그마 커뮤니티 탐험하기

피그마 커뮤니티(Figma Community)는 피그마 기본 화면에서 좌측 하단에 있는 [Explore Community] 버튼을 클릭해 들어가거나, 'Figma. com/community'를 주소창에 입력해 들어갈 수 있습니다.

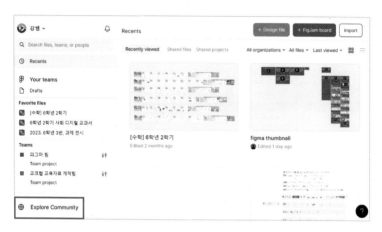

피그마 기본 화면에서 피그마 커뮤니티로 들어가는 방법

피그마 커뮤니티에 접속하면 본문 204쪽 그림처럼 커뮤니티 화면이 보입니다. 커뮤니티 화면을 영역별로 살펴보겠습니다.

① **원하는 피그마 파일 검색하기**: 메뉴탭의 검색창이나 화면 가운데에 있는 검색창은 동일한 기능을 수행합니다. 단, 메뉴탭의 검색창은 커뮤니티 안에 접속해 있을 때 항상 고정으로 위에 떠 있다는 차이가 있습니다.

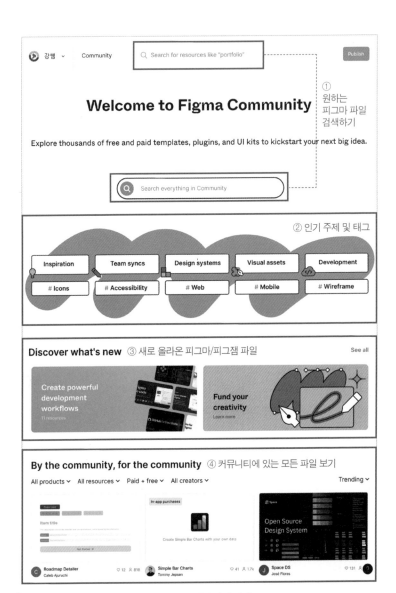

피그마 커뮤니티 메인 화면

제2부. 피그마로 디지털 교과서 만들기

② **인기 주제 및 태그**: 피그마 파일의 주제 분류나 가장 많이 쓰이는 태그들을 모아놓은 바로가기 버튼입니다. 인기 주제 분류의 섬네일과 소개글은 다음과 같습니다.

인기 주제 섬네일	소개글
	Inspiration(영감): 포트폴리오, 프레젠테이션, 디자인 모형 등을 모아놓은 주제.
	Team syncs(팀 동기화): 협업 플랜, 아이스브레이커 등을 모아놓은 주제.
	Design systems(디자인 시스템): UI kits, 프레임 템플릿 등을 모아놓은 주제.
	Visual assets(시각적 자산): 아이콘, 일러스트, 애니메이션 등을 모아놓은 주제.
	Development(개발): 플러그인과 개발자 툴 등을 모아놓은 주제.

피그마 프로그램이 디자이너를 위한 프로그램이다 보니 실제 디자인에 도움이 되는 주제가 커뮤니티에 많이 존재합니다. 그중 교육 현장에서도 활용하기 좋은 주제들이 있습니다. 예를 들어 'Inspiration(영감)'의 프레젠테이션 템플릿은 강의나 교실 수업 PPT로 수정 가능하며, 'Team syncs(팀 동기화)'의 아이스브레이커 템플릿도 워크숍이나 수업 시작 전에 동기유발 형식으로 활용 가능합니다.

다음은 많이 쓰이는 태그(#)에 대한 섬네일과 소개글입니다.

태그 섬네일	소개글
	**#Icons(아이콘):** 피그마 파일 안에서 사용할 수 있는 아이콘들을 모아놓은 태그.
	**#Accessibility(접근성):** 활용하기 편리하고 어디서나 쉽게 접근할 수 있는 파일들.
	**#Web(웹환경):** 웹 환경에 초점을 맞춰 제작된 피그마 파일을 모아놓은 태그.
	**#Mobile(모바일환경):** 모바일 환경에 맞춰 제작된 피그마 파일을 모아놓은 태그.

제2부. 피그마로 디지털 교과서 만들기

#Wireframe(와이어프레임):
예시 프레임을 바로 활용할 수 있게
만든 태그.

인기 태그들은 피그마 사용자들이 가장 많이 찾는 파일에 걸려 있는 태그들입니다. 특히 '#Icons(아이콘)'은 피그마 파일에서 항상 많이 쓰는 것이니 참고하면 좋습니다. 교육자료를 만들 때, 웹이나 모바일로 게시할 것을 생각하고 있다면, '#Web(웹환경)'이나 '#Mobile(모바일환경)' 태그를 참고하면 도움을 많이 받을 수 있습니다.

인기 주제와 태그들은 대부분 무료로 배포되어 있지만 종종 섬네일 왼쪽 상단에 가격이 써 있는 유료 파일도 있습니다. 또한 'In-app purchases'와 같이 무료로 배포되지만, 프로그램 사용 시 추가 구매를 요구하는 파일도 있습니다.

③ **Discover what's new**: 커뮤니티에 새롭게 올라온 다양한 피그마/피그잼 파일을 주제별로 모아놓은 곳입니다.

④ **By the community, for the community**: 커뮤니티에 있는 모든 파일을 확인할 수 있는 곳입니다. Trending(트렌드) / Popular(인기) / Recent(최신) 등과 같은 분류 항목으로 적절한 파일을 찾아볼 수 있습니다.

피그마 커뮤니티에서 마음에 드는 것을 가져오거나 저장하기

피그마 커뮤니티에서 마음에 드는 파일을 찾았다면 내 피그마로 쉽게 가져올 수 있습니다. 무료 배포 파일인 경우에는 섬네일 우측 상단에 [Open in Figma]라는 버튼이 보이고, 유료 배포 파일인 경우에는 동일한 자리에 [Buy ○○$]라는 버튼이 보입니다. 유료 배포 파일을 다운받기 위해서는 카드 정보를 등록해야 합니다.

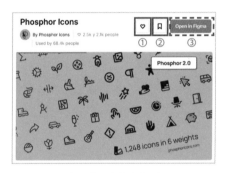

무료 배포 파일 가져오기

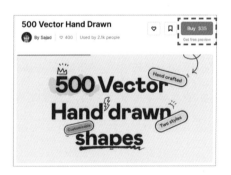

유료 배포 파일 가져오기

① **하트 아이콘**: 배포 파일의 'Like' 여부를 표시할 수 있습니다.

② **책갈피 아이콘**: 배포 파일을 자신의 프로파일에 저장할 수 있습니다. 저장된 피그마 파일은 프로파일 안의 'Saved' 탭에서 찾아서 언제든지 볼 수 있습니다. 'Save' 아이콘은 배포를 받는 것이 아니라 '즐겨찾기' 기능의 역할을 하는 것으로 이해하면 됩니다.

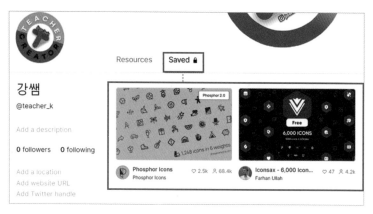

책갈피 아이콘을 누르면 내 프로파일 'Saved' 탭에 자동으로 저장

③ **Open in Figma**: 배포 파일을 내 피그마 또는 피그잼으로 복제할 수 있습니다. 복제한 파일은 기본 화면의 'Draft' 저장소로 저장됩니다. 복제와 동시에 배포 파일이 실행되며 레이어, 페이지, 캔버스 디자인까지 모두 복제됩니다.

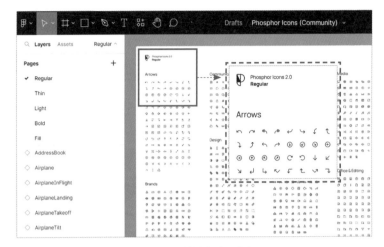

내 'Draft'로 복제된 배포 파일

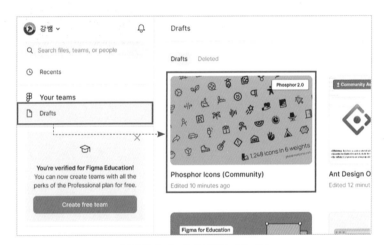

[기본 화면 - Draft]에 저장된 배포 파일

제2부. 피그마로 디지털 교과서 만들기

팀원, 동료와 함께 만들어가는 피그마/피그잼 디지털 교과서

피그마는 교사 스스로 상상력을 풍부하게 활용해 그 어떤 자료라도 쉽게 디자인할 수 있습니다. 하지만 모든 자료를 혼자의 힘으로 만들기는 쉽지 않습니다. 프레임을 짜고 각종 교육자료를 모아놓은 뒤, 개체들을 활용해 디자인하는 데는 긴 시간이 소요됩니다. 수업 준비부터 행정업무까지 도맡아하는 교원들이 하나의 교육자료에 많은 시간을 쏟는 것은 그 자체로 큰 부담입니다.

피그마는 디자인 도구와 동시에 강력한 협업 기능을 제공합니다. 피그마 프로젝트 안에 팀원을 초대해 여러 피그마, 피그잼 파일을 함께 협력해 만들 수 있습니다. 피그마 파일 하나를 만든 후, 팀원을 초대하거나 링크를 생성해 협업할 수 있는 기능도 제공하고 있습니다. 협업 기능을 활용해 교육자료를 선생님들과 함께 제작한다면 쉽고 빠르게 제작할 수 있습니다.

팀 프로젝트 팀원을 초대해 협업하기

팀원과 함께 여러 개의 피그마 파일을 만들려면 팀 프로젝트(Team Project)를 직접 생성하여 공유하는 방법을 활용합니다. 개인 파일을 보관할 수 있는 공간인 드래프트(Draft)와 달리 팀 프로젝트는 팀원과 함께 소통하면서 협력을 통해 여러 파일을 생성해내는 공간을 의미합니다.

팀 프로젝트 만들기

팀원을 초대하기 위해서는 먼저 팀 프로젝트를 생성해야 합니다. 피그마에 가입한 다음, 기본 화면에 들어가면 좌측 패널 부분 아래

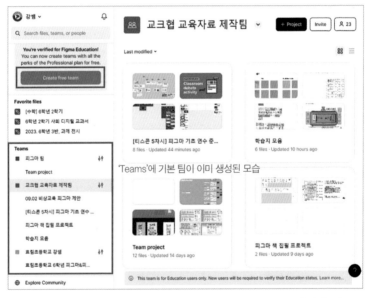

피그마 기본 화면 'Teams'와 만들어진 팀 프로젝트(교크협 교육자료 제작팀)의 모습

제2부. 피그마로 디지털 교과서 만들기

'Teams'에 기본 팀이 이미 생성된 것을 볼 수 있습니다. 교육용 계정을 인증했다면 좌측 패널의 [Create free team] 버튼을 클릭하여 기본 팀에 'Professional plan'을 무료로 적용할 수 있습니다.

이후 좌측 패널의 [+Create new team]을 클릭하여 새로운 팀을 만들 수 있습니다. [+Create new team]을 클릭하면 새 창이 뜹니다. 그러면 새로운 팀 이름을 입력하고 [Create team] 버튼을 누릅니다.

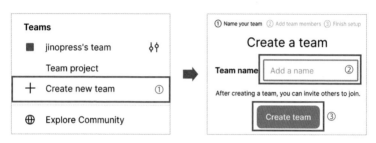

팀 프로젝트를 위한 새로운 팀 만들기

다음 단계로 팀원을 초대할 수 있는 새 창이 뜹니다. 초대할 팀원의 이메일 주소를 입력하고 [Continue] 버튼을 클릭합니다. 그리고

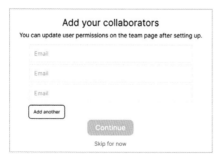

팀원 초대하기

'Professional' 창에서 [Upgrade to Professional]을 선택한 후 'Is this an Education team?' 아래 있는 [Yes]를 체크합니다. 그러면 이용 가격이 0원이 되는 것을 볼 수 있습니다. 그다음 [Next: Review]를 클릭합니다.

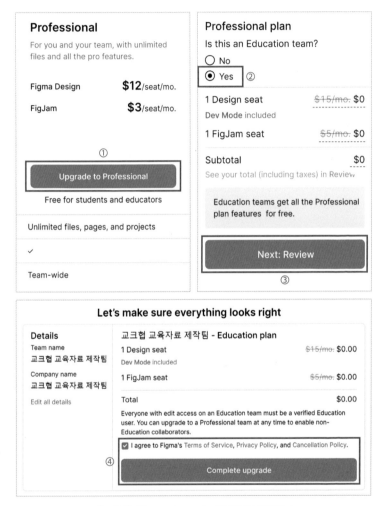

새로운 팀에 'Professional plan'을 무료로 적용하기

'Let's make sure everything looks right' 창이 뜨면 약관 동의 후 [Complete upgrade]를 클릭해 업그레이드를 실시합니다.

이런 과정을 통하면 팀 프로젝트를 새로 하나 생성함과 동시에 팀 원을 초대할 수 있습니다. 이때 팀원을 초대하려면 반드시 팀원의 '피 그마 계정'을 알고 있어야 하며 이를 적어야 합니다. 팀원이 세 명보다 많다면 [Add another] 버튼을 눌러 추가할 수 있습니다. 만약 아직 초 대할 팀원이 없다면, [skip for now]를 눌러 먼저 팀 프로젝트를 생성 한 후 팀원을 초대할 수 있습니다(본문 213쪽 아래 그림 참고).

팀 프로젝트를 만든 후, 팀원을 프로젝트에 초대하기

이미 팀 프로젝트를 만든 후에도 팀원을 프로젝트에 쉽게 초대할 수 있습니다. 또한 이미 팀원이 초대된 프로젝트에도 수시로 팀원을 초대할 수 있습니다. 프로젝트 화면의 우측 상단에 있는 [Invite] 버튼 을 누르면 언제든지 팀원을 초대할 수 있습니다. 팀원 초대는 링크를 활용하는 방법과 이메일로 초대하는 방법이 있습니다.

① **Invite link(링크로 초대하기)**: 팀 프로젝트 초대 링크를 [Copy link] 버튼을 눌러 복사한 뒤, 초대하고 싶은 팀원에게 전달해서 팀원 이 직접 그 링크를 클릭해 가입하도록 할 수 있습니다. 링크로 초대하 는 방식은 이메일 계정을 몰라도 클릭만으로 프로젝트에 참여할 수 있 으며, 동시에 여러 명에게 쉽게 전달할 수 있습니다. 하지만 팀 프로젝 트 소유자가 원치 않는 대상이 초대될 수도 있으므로, 목표 달성 후에

팀 프로젝트 우측 상단 [Invite] 버튼을 통해 팀원 초대하기

초대 링크 효력 없애기

는 [Copy link] 버튼 위 조절 아이콘을 클릭하여 [Reset invite links] 또는 [Turn off invite links]로 링크 효력을 없애는 것을 추천합니다.

② **Invite by email(이메일로 초대하기)**: 팀원의 이메일 주소로 팀 프로젝트 초대장을 보내는 방법입니다. 특정 팀원에게만 초대장을 전 달할 수 있어서 제삼자의 참여를 제한할 수 있지만, 팀원의 이메일 계 정을 알고 있어야 활용할 수 있습니다. 다수의 팀원을 초대하는 것보

피그마 팀 프로젝트 초대장

다 특정 소수의 팀원을 초대할 때 적절히 활용할 수 있습니다. 초대받은 팀원은 해당 이메일 편지함에서 위 그림과 같은 피그마 초대장을 볼 수 있습니다. 이때 [Join team]을 누른 후, 피그마 아이디로 로그인하면 프로젝트에 참여하게 됩니다.

팀 프로젝트 팀원 권한 변경하기

팀 프로젝트에 초대된 팀원은 소유자가 제공한 권한에 따라 그 활동 범위가 결정됩니다. 권한은 크게 'Owner(오너)', 'Admin(어드민)', 'Can edit(캔 에디트)', 'Can view(캔 뷰)' 총 네 개로 구성되어 있습니다.

① **사람 모양의 아이콘**: 팀 프로젝트에 소속된 팀원 또는 초대 중인 팀원을 확인할 수 있는 곳입니다. 아이콘 옆 숫자는 현재 프로젝트 안에 소속된 멤버의 숫자를 의미합니다. 아직 초대를 수락하지 않은 멤버는 포함되지 않습니다.

팀 프로젝트에 소속된 팀원 확인 및 권한 설정

② **Owner 권한**: 팀 프로젝트를 '소유'하는 최고 관리자 권한입니다. 팀 내 하나의 계정만 오너(소유자)가 될 수 있습니다. 팀 프로젝트 안의 파일을 수정하거나 볼 수 있는 권한을 가지며 타 멤버의 권한을 배정할 수 있습니다. 또한 팀 이름을 수정하거나 팀 프로젝트 자체를 삭제할 수 있으며 삭제한 파일을 되돌릴 수 있는 권한을 가집니다.

③ **Admin 권한**: 팀 프로젝트를 '관리'할 수 있는 어드민(관리자) 권한입니다. 오너 계정을 삭제하거나 오너의 권한을 타인에게 양도할 수 없다는 점을 빼고는 오너와 동일한 권한을 가집니다.

④ **Can edit 권한**: 팀 프로젝트 내 파일 작업에 필요한 모든 기능을 사용할 수 있으며 협업할 팀원을 초대할 수 있습니다. 무료 팀 프로젝트일 경우 최대 두 명까지 편집자를 초대할 수 있습니다. 이 제한은 팀 프로젝트를 교육용 계정으로 업그레이드하면 사라집니다.

⑤ **Can view 권한**: 팀 프로젝트 내 파일을 볼 수 있지만, 편집은

불가능한 권한입니다. 대신 코멘트를 달아 의견을 표시하거나 파일 속 개체를 추출할 수 있습니다. 편집을 원한다면, 팀 프로젝트 안 파일에 접속해 [Ask to edit] 버튼을 클릭해 오너나 어드민에게 '파일 편집' 권한 승인을 요청할 수 있습니다.

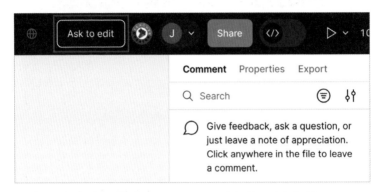

[Ask to edit] 클릭: 팀원이 '파일 편집' 권한 승인을 요청할 때 사용

팀 프로젝트에서 팀원을 삭제하려면, 상위 권한을 가진 계정으로 로그인한 뒤, 팀 프로젝트의 멤버 관리(사람 모양의 아이콘) 화면에 들어가야 합니다. 삭제를 원하는 멤버의 권한을 클릭하여 [Remove] 버튼을 누르면 멤버 삭제가 가능합니다.

오너는 최고 관리자로 모든 권한에 대한 멤버를 삭제할 수 있습니다. 어드민은 관리자 권한으로 'Can edit', 'Can view' 권한을 가진 멤버를 삭제할 수 있습니다. 즉 상위 권한 멤버가 하위 멤버를 삭제할 수 있다는 뜻입니다. 권한의 위계는 본문 220쪽 상단 오른쪽 그림과 같습니다. 위에 있을수록 상위 권한입니다.

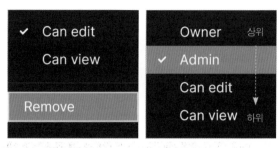

[Remove] 팀원 삭제 버튼   멤버 권한 위계도

한편 팀원은 [Leave]를 선택해 팀 프로젝트에서 나갈 수 있습니다. 나가는 방법은 다음과 같습니다. 멤버 관리 화면에서 자신의 아이디를 찾습니다. 그 계정 옆의 권한을 클릭하면 [Leave] 항목이 보입니다.

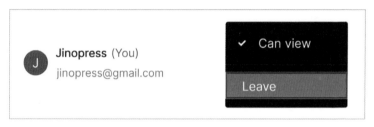

[Leave] 클릭: 팀원이 그룹에서 나갈 때 사용

팀원과 다르게 오너 권한의 멤버는 자신의 권한을 바꿀 수 없습니다. 대신 다른 멤버들에게 오너 권한을 이양할 수 있습니다. 타 멤버로 권한 변경 시, [Owner]를 선택하면 팀 프로젝트의 소유자를 바꿀 수 있습니다.

제2부. 피그마로 디지털 교과서 만들기

피그마 파일 공유하기

팀 프로젝트에 팀원으로 초대하지 않아도 피그마 파일을 직접 공유하며 협업할 수 있습니다. 이 방법은 파일 하나하나에 권한을 달리 배정하며 세부적으로 협업을 조정할 수 있다는 장점이 있습니다. 또 프로젝트 팀원이 아닌 제삼자에게도 편집 권한을 배정하여 일시적으로 협업을 진행할 수 있습니다.

교실에서 학생들과 함께 피그마 작업을 할 때는 프로젝트 팀원보다는 파일마다 협업을 요청하여 편집을 진행하는 것이 좋습니다. 학생들을 프로젝트 팀원으로 배정해 편집 권한을 주면 학생들이 실수로 다른 피그마 파일을 수정하거나 삭제하는 등의 불상사를 겪을 수 있습니다. 구글 클래스룸 같은 교육플랫폼에 파일 공유 링크를 올려 파일마다 편집 권한을 배정한 후, 협업 작업이 끝나면 삭제하는 식으로 진행한다면 사전에 불상사를 예방할 수 있습니다.

피그마 파일을 공유하는 방법

피그마 화면의 우측 상단에 있는 [Share] 버튼을 누르면 파일 공유가 가능합니다. 이 방법은 개인 파일 'Drafts(드래프트)' 안에 있는 파일이나 팀 프로젝트 파일 안에 있는 피그마 파일 등에 동일하게 적용됩니다. 파일을 공유하는 방법은 '이메일 초대, 링크 공유'로 나뉩니다.

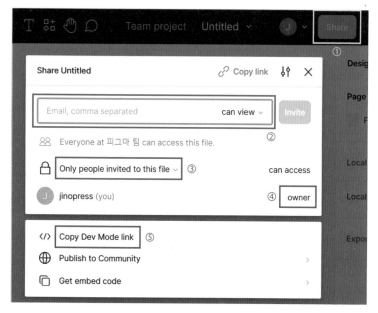

오른쪽 상단 [Share] 버튼으로 피그마 파일 공유하기

① **[Share] 버튼:** 피그마 파일을 공유하는 기능입니다.

② **이메일 초대장 공유:** 협업하고 싶은 사람의 아이디(이메일)을 적어 초대장을 보내는 기능입니다. 이메일 계정을 적으면 우측 [invite] 버튼이 활성화됩니다. 이메일을 적은 후, [can view] 텍스트를 누르면 초대하고 싶은 사람의 권한을 배정할 수 있습니다.

'can edit'는 편집할 수 있는 권한입니다. 'can view'는 단순히 '보기'만 할 수 있는 권한입니다. 간단한 코멘트를 달 수 있습니다. 그리고 'can view prototypes'는 프로토타이핑만 볼 수 있는 권한으로 캔버스 편집 화면은 볼 수 없습니다.

제2부. 피그마로 디지털 교과서 만들기

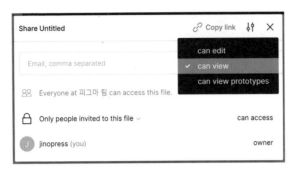

초대하고 싶은 사람의 권한 배정

③ **Access:** 파일의 액세스 권한을 확인하고 변경시킬 수 있는 항목입니다. 'Only people invited to this file'은 초대된 사람만이 파일에 접근할 수 있습니다. 이 액세스 접근 권한을 유지할 경우, 공유 링크로 공유하더라도 파일 관리자의 허락이 없으면 파일에 접근할 수 없습니다. [Request access]를 눌러 관리자에게 허락(Approve)를 요청할 수 있습니다.

파일의 엑세스 권한 변경

'Anyone with the link'는 누구든지 공유된 링크로 캔버스 편집 화면으로 바로 접근할 수 있습니다. 관리자의 허락이 필요 없어 간편한 방법이지만 보안에 유의해야 합니다. 그리고 'Anyone with the link and password'는 누구든지 공유된 링크로 들어올 수 있지만, 비밀번호를 입력해야 합니다.

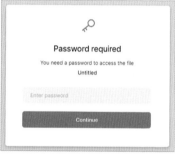

'Only people invited to this file'일 때,
링크를 클릭하면 보이는 화면

'Anyone with the link and password'일 때,
링크를 클릭하면 보이는 화면

④ **초대된 인원 권한 배정:** 이메일로 초대된 인원에 대한 권한을 배정할 수 있습니다.

⑤ **Copy link:** 협업을 위하여 피그마 파일의 편집 화면 링크를 복사할 수 있는 버튼입니다. 링크를 복사해 공유하기 전에 ③의 액세스 권한을 꼭 확인해야 합니다.

팀 프로젝트의 파일 공유 시, 팀 프로젝트의 팀원 권한과 파일 권한 간의 관계는?

팀 프로젝트 안에 있는 파일을 공유할 경우, 팀 프로젝트 안에 속한 팀원은 따로 공유 초대장을 보내지 않아도 팀원 권한으로 파일을 편집하거나 볼 수 있습니다. 만약 파일 자체적으로 팀원을 초대해 기존의 팀원 권한보다 하위 권한을 배정한다고 해도, 팀원 권한이 우선권을 가집니다.

즉 'Can edit' 권한을 가진 팀원을 팀 프로젝트 파일에 초대하여 'Can view' 권한을 준다고 해도, 'Can edit' 팀원 권한이 우선권을 가져 여전히 편집이 가능합니다.

Spotlight me! 나에게 주목해줘!

'Spotlight me(스포트라이트 미)' 기능은 '나에게 집중해'라는 뜻으로 현재 피그마 파일 협업에 참여한 모든 팀원에게 '주목하라'는 신호를 보내는 기능입니다. 'Spotlight me'를 실행하는 방법은 매우 간단합니다.

메뉴 탭의 우측에서 자신의 아이콘을 찾아서 마우스로 클릭하면 'Spotlight me' 상태창이 뜹니다. 여기서 [Spotlight me] 버튼을 클릭하면 팀원들에게 '주목해!'라는 뜻의 메시지가 전송됩니다. 팀원들이 그 메시지에 동의한다는 표시로 클릭하면, 본문 226쪽 오른쪽 그림과 같이 '숫자 follower(s)'가 표시됩니다. 만약 팀원이 주목에 응하고 싶지 않다면 [ignore]를 클릭해 거부하면 됩니다.

스포트라이트 기능 실행하기   나에게 주목한 팔로워 수 확인

스포트라이트 기능은 모든 팀원에게 자신의 작업을 설명하는 데 유용하게 쓰일 수 있습니다. 기능이 실행되면 캔버스 화면이 실시간으로 연동되어 나의 화면을 팀원들에게 쉽게 보여줄 수 있습니다. 팀장이 팀원들에게 계획을 설명하거나, 모든 팀원에게 설명할 내용이 있어 주목이 필요할 때 사용할 수 있습니다. 다음에 설명하는 실시간 음성 대화와 함께 쓰인다면 그 효과는 배가됩니다.

팀원의 작업 상황을 실시간으로 파악하는 방법

협업 도중에 팀원의 작업 상황을 실시간으로 파악하고 싶다면 '팔로잉' 기능을 활용하면 됩니다. 피그마 툴바 우측에서 내가 팔로잉하고 싶은 팀원의 아이콘을 클릭하면 '팔로잉' 기능이 실행됩니다. 동시에 팀원의 화면이 내게도 실시간으로 전송되어 보이며 팀원의 활동을 따라 가며 볼 수 있습니다. 이때 '팔로잉'되고 있다는 뜻으로 캔버스 화면 곁에 색 테두리가 표시됩니다.

팀원의 아이콘을 눌러 팀원의 화면을 팔로잉

스포트라이트 기능이 모든 팀원에게 '집중해!'라는 뜻으로 실행하는 기능이라면 팔로잉 기능은 일대일로 팀원의 협업 과정에 집중할 수 있는 기능입니다. 팔로잉 기능은 함께 자료를 만들어야 하거나, 팔로잉한 팀원에게 작업 과정을 배우고 싶을 때 등 여러 가지로 활용할 수 있습니다.

팀원과 실시간으로 대화하는 방법

본문 228쪽 위 그림처럼 아이콘 옆의 헤드폰 모양 아이콘은 'Start conversation'이라는 기능으로 실시간 음성대화가 가능합니다. 처음 기능을 실행할 때 마이크와 헤드셋 권한 수락 여부를 묻는 메시지가 뜨며 수락을 눌러야 실행할 수 있습니다. 음성대화가 시작되면 작은 음성대화창이 뜨는데, 각 기능은 다음과 같습니다.

음성대화 기능을 실행한 모습

마이크 권한을 요청하는 모습　　　[Join] 버튼으로 음성대화 참여

① **자신의 아이콘:** 말할 때마다 초록색 세 칸 네모가 뜹니다.

② **마이크 아이콘:** 음소거/음소거 해제 기능을 조절할 수 있습니다.

③ **설정 아이콘:** 마이크와 스피커 하드웨어를 조작할 수 있습니다.

④ **Leave:** 음성대화에서 나갈 수 있습니다. 나간 뒤에 [Join] 버튼을 눌러 다시 대화에 참여할 수 있습니다.

⑤ **창 최소화:** 음성대화창을 메뉴탭 안으로 최소화하여 편집에 방해가 되지 않도록 만들 수 있습니다.

⑥ **팀원 아이콘:** 현재 대화에 참여한 팀원이 누구인지, 누가 현재 말하고 있는지 등의 상태를 알 수 있습니다.

음성대화 기능을 통해 다른 프로그램 없이도 더 구체적이고 세세한 의사소통이 가능해집니다. 다만 특정 인원에게 음성대화를 신청하거나 음성대화방을 여러 개 만들 수 없어 아쉽게 느껴질 수 있습니다. 따라서 구체적인 의사소통에는 줌(Zoom)이나 디스코드(Discord) 같은 영상/음성 대화 프로그램을 추천합니다.

동료와 함께 협업해서 디지털 교과서 만들기

혼자가 아닌 여럿이, 팀워크를 통해 피그마/피그잼을 활용한 디지털 교과서를 만들고 싶은데 어떻게 시작해야 할지 모르겠다면 다음 절차를 따라 해봅시다.

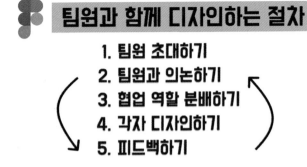

팀원과 함께 디자인하는 절차

먼저 팀 프로젝트를 생성한 뒤, 함께하고 싶은 팀원을 초대해 편집 권한을 제공합니다. 이후 팀원과 의논하여 어떤 수업자료를 피그마로 만들지 결정합니다.

예를 들어 6학년 전체 교과서 PDF를 활용하여 과목별로 피그잼 전자칠판 수업자료를 만들 수 있습니다. 또는 수학 과목의 한 단원을 각자 차시로 나눠 수업에 활용할 수 있는 수업자료를 만들 수도 있습니다. 단순히 학생들에게 나눠줄 수 있는 수업 그림 자료를 모은 간단한 피그마 교육자료를 만드는 과정도 좋습니다. 어떤 수업자료를 만들지 결정한 후에는 그 역할을 분배하고 각자 디자인하는 과정을 거칩니다. A팀원은 텍스트 자료를, B팀원은 그림 자료를 가져오고, C팀원은 가져온 자료를 프레임에 배치하는 역할을 담당하는 것이 그 예입니다.

이후 피드백을 통해 고칠 점을 의논하고 하면서 앞에서 소개한 '팀원과 함께 디자인하는 절차'의 2~5번을 반복하면 됩니다. 혼자 만들기 어려운 수업 자료를 금방 쉽게 만들 수 있을 것입니다.

디지털 교과서 협업 예시: 팀원과 의논하고 역할 분배하기

다음은 세 명의 팀원과 함께 실제 교육자료를 개발한 예시입니다.

팀원과 의논하기: 6학년 사회 '경제 성장 과정 문제점' 자료 만들기

과목과 주제는 초등학교 6학년 1학기 사회에서 '경제 분야' 단원의 '경제 성장 과정 문제점을 토론해봅시다'라는 학습목표를 선택했습니다. 주제의 난이도에 비해 교과서 자료가 부족하여 학생들이 토론에 활용할 보충 자료가 필요하다고 생각했기 때문입니다. 핵심 주제를 세 개로 나눈 후, 자료를 찾아 모으기로 했습니다. 자료는 인터넷이나 위키백과를 참고하였습니다.

약 10분의 시간 동안 각 팀원은 2~5개 정도의 사진과 그 사진의 설명 텍스트를 찾아 정리할 수 있었습니다. 주제별로 가공 이전의 데이터를 모아놓은 것을 '디지털 자료 창고'라고 합니다. 디지털 자료 창고는 참여하는 팀원의 수가 많아질수록 또는 더 많은 시간을 자료 찾기에 투자할수록 그 양이 지속해서 상승합니다.

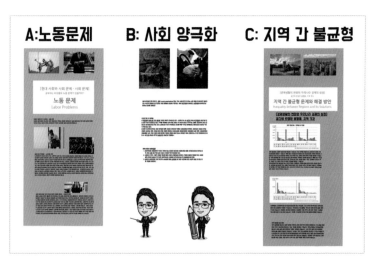

'디지털 자료 창고'를 만들어 자료 모으기

디지털 자료 창고에는 교육하기에 충분한 자료가 있지만, 학생들과 사용하는 교사들에게 편리하게 보이지 않는 디자인으로 되어 있는 상태입니다. 더욱 수월하게 수업에 활용하기 위해서는 PPT나 학습지 형태로 디자인을 가공하는 작업이 필요합니다.

　　모든 자료를 더욱 나은 형태의 디자인으로 가공하기 위해 또다시 역할을 분배하였습니다. A팀원은 PPT 자료를 맡았고, B팀원은 A4 사이즈의 학습지를 제작하였습니다. PPT는 프레임 형태를 슬라이드로 만든 후, 디지털 자료 창고에 있는 사진과 텍스트를 초등학생 수준에 맞게 재구성해 디자인했습니다. 학습지는 프레임 형태를 A4로 만든 후, 텍스트를 초성과 중요 단어를 삭제한 형태로 제시하여 학생들이 직접 작성하도록 했으며 아래에는 학생들의 생각을 적을 수 있는 박스를 만들어 표현했습니다. PPT는 동기유발 형태로 제시할 예정이며, A4 학습지는 수업의 정리 단계에 학생들에게 제공하기로 했습니다.

　　C팀원은 토론 수업의 목표를 달성하기 위해 피그잼 토론 활동지를 활용했습니다. 피그잼의 'Classroom debate activity' 템플릿은 영어로 만들어져 있으며 중등 수준으로 구성되어 있어 변형이 필요했습니다. 기존 템플릿의 영어는 구글 번역기 등을 활용해 한국어로 번역했으며 의논하고 자기 생각을 녹음까지 할 수 있는 기존 방식은 초등학생에게는 어렵다고 느껴 조별로 함께 의견을 모으는 화이트보드로 재구성하였습니다. 피그잼 토론 활동지는 수업 중 토론 활동을 하며 온·오프라인으로 활동할 수 있게 구성했습니다.

자료 창고를 활용해 A팀원이 만든 PPT 자료